눈먼 고기

오경자 수필집

교음사

책머리에

삶과 시대의 기록으로 남기고 싶어

수필이라는 글을 써 온 지 딱 50년이 지났다. 재주가 비천하다 보니 글쓰기 반세기 잔치 같은 것은 엄두도 못 내고 지나보냈다. 숨을 쉬는 동안은 끝날 것 같지 않은 수필 쓰기는 여전히 계속하다 보니 작품들이 쳐다보며 왜 머리를 올려주지 않느냐고 보챈다.

어쭙잖은 주인을 만나 빛을 못 보고 있는 것 같아 미안하기도 하고 어차피 세상을 향해 쏟아 낸 상념들이라면 한 권 책으로 엮어냄이 도리인 것 같아 또 용단을 내렸다. 혼자 보기가 아까워 내보일 수밖에 없는 수작이니 꼭 읽어주시라고 자신 있게 말하지 못하는 작품들을 염치 좋게 또 엮어내느냐고 흰 눈으로 보실 분이 계시겠지만 시대의 증언으로 남기고자 한다.

수필은 시대를 말할 수밖에 없는 속성을 지니고 있는 데다 서정성 만이 아니라 삶의 진수를 건져 올려야 한다는 점에 방점을 찍는 나 자신의 태도가 반영된 글들이 많다.

코로나를 겪고 보이스피싱이라는 해괴한 사기극이 판을 치는 현실을 감안해 눈먼 고기를 표제로 삼았다. 아름답고 고운 글로 독자의 심성을 어루만지기보다 어쩌면 건방져 보일지도 모르는 바람에 대한 글들이 많은 것도 양해를 바란다.

발간을 도와준 서울문화재단에 감사를 드린다. 책이 나올 때까지 격려와 후원을 아끼지 않으신 이민호 선생님과 좋은 책을 펴내고자 열심히 애써 준 교음사의 강병욱 대표와 류진 편집국장께 고마운 인사를 드린다.

2025. 5.

녹번 서재에서 숲을 바라보며 오경자

차례

▸ 책머리에

1. 칼을 든 여인
허를 찌른 답변 … 16
칼을 든 여인 … 20
한 치 앞도 모르면서 … 24
절반의 혼인 … 28
나의 인생 나의 문학 … 33
눈먼 고기 … 41
시장은 여전히 살아있다 … 46
역사가 좋아서 … 50
왜 열광하는가 … 55
자꾸 가고 싶은 곳 … 59

2. 세계인의 시각
과감한 문학 지원 정책을 제안한다 … 66
흑토끼의 지혜와 당찬 도전으로 … 70
눈길 끄는 기획연재 … 74

문학사랑으로 지도하시던 어른 경암 … 79
전국의 수필 친구 잠깐이라도 … 83
파격적인 문학 지원을 위한 밑그림 … 87
세계인의 시각 … 91
올해 6월은 희망으로 노래하자 … 94
코로나로 지친 마음 문학만이 다독여 … 97

3. 단 한마디

다부동에서 대한민국을 건진 영웅 백선엽 … 100
단 한마디 … 105
이 대명천지에 웬 날벼락 … 109
존칭 하나 세내로 못 써서야 … 113
황산대첩비와 아버지 … 118
이제 다시 싸우며 살자 … 125
나라면 달랐을까 … 127
미안한 마음으로 … 131

북핵이 사라져야 통일 여건이 조성된다 … 134

국민은 어떤 대통령을 원하는가? … 137

앞날을 누가 알아 … 141

4. 야릇한 그리움

손때 … 146

기도 … 149

남겨진 것에 대한 감사 … 152

행복한 계를 타고 싶다 … 154

야릇한 그리움 … 158

언 빨래 … 161

왜 귀엽기만 할까 … 164

춘향을 만나고 싶었는데 … 167

한 치 걸러 두 치 … 170

5. 쓸수록 어려운 글

수필은 누가 어떻게 쓰는 글일까? ··· 174
쓸수록 어려운 글 ··· 178
풍성한 대화의 모임을 바라며 ··· 181
해야 솟아라 희망아 솟아라 ··· 183
갈석 강석호 선생 문학비 건립 회고 ··· 187
넉넉한 마음의 선비 ··· 191
박종철 회장님 ··· 194
고뇌의 승화 ··· 197

연보 ··· 220

1

칼을 든 여인

허를 찌른 답변

세상을 살아가면서 멋진 사람을 만날 때가 있다. 외모가 유난히 인상적이어서 눈길이 머무는 경우도 있고 행동이나 말이 감동적이어서 인상에 남는 때도 있다. 연예인의 경우는 대부분 외모에 끌리고 정치인이나 학자 같은 경우에는 기막힌 표현이나 강의, 또는 저서에서 명문을 읽을 때 멋지다는 생각에 오래도록 입이 다물어지지 않는 경험이 있다.

벌써 한 세대 전 일이다. 모교에서 여성학을 강의할 때인데 인촌 기념사업회에서 고르바초프를 초청해 와서 인촌기념관에서 강연회를 열었다. 소련을 해체한 지 바로 몇 해 지나지 않았던 때라 가슴 설레기도 하고 젊은 학생들에게 좋은 경험이 될 것 같아 내 강의를 수강하던 학생들에게도 홍보해서 함께 들으러 갔다. 스탈린과 사람은 다르다 하나 바로 그 나라의 최고 권력자, 게다가 그 체제를 무너뜨린 주인공이라는 생각을 하며 애증이 겹치는 갈등의 대상이었다. 최소한 내게는 그런 존재였다.

아홉 살에 겪은 6·25라 친구들은 별로 깊이 기억하지 않는 경우들도 많은데 아버지를 납북당한 나로서는 죽어도 잊을 수 없는 게 스탈린이다. 소련제 탱크가 버티고 있던 1950년 6월 28일 서울 한복판의 거리를 꿈에도 잊을 수 없다. 그 적국, 원수의 나라 수장이었던 공산주의자의 괴수(?)를 만나러, 그것도 강연을 들으러 간다는 것이 어쩌면 어불성설일 수 있다. 게다가 아직 감수성이 예민한 학생들까지 떼로 몰고 그 강연장을 찾는다는 것이 말이 되지 않는 일인 것이다.

외동딸을 대동하고 왔노라 소개하며 연단에 오른 그는 거침없이 강연을 마쳤다. 질문을 받겠다는 사회자의 말이 떨어지기 무섭게 날아온 질문은 청중을 얼어붙게 했다. 소련을 붕괴시킨 셈이니 결국 공산주의가 실패했다는 것을 실증으로 보여준 것이라고 보는데 당신의 생각은 어떠하냐?가 질문이었다. 가뜩이나 조심스러운 자리라는 생각에 머리끝을 잡아당기는 기분을 갖고 왔던 터에 잘 끝나서 안도의 숨을 쉬는 순간인데 여기서 뇌관이 터지는 것 아닌가 싶었다.

가슴을 조이고 있는데 의외로 그는 온화한 미소를 지으며 아주 간단히 대답했다.

'지난 20세기가 공산주의 실험기였다면 오는 21세기는 자본

주의의 실험기가 될 것이다. 지금 질문에 대한 답변은 그때가 되면 자연히 나올 것이다.'

야아, 이런 것을 바로 허를 찌른다 하겠지?

조였던 가슴을 쓸어내리며 저만이나 하니 그 엄청난 일을 해낼 수 있었구나 싶으면서 적국의 수장이었다는 생각이 말끔히 지워졌다. 진심으로 멋지다는 생각을 했던 기분 괜찮은 오후였다. 30년 전 어느 날의 괜찮은 추억 한 토막이다. 바로 그 고르비가 지구를 떠났다. 사람은 누구나 다 죽는다. 얼마 동안을 살고 죽느냐도 중요하겠지만 어떻게 살다 죽느냐가 진정 중요한 일이다. 그는 세상에 훌륭한 획 하나를 긋고 갔다고 생각한다. 최소한 평화라는 것에 대해서 큰 실천을 하고 갔다고 평가해도 틀리지 않을 것 같다.

우크라이나 전쟁을 일으켜 지구를 들쑤셔 놓고 있는 푸틴 대통령이 그의 영결식장에 나타나지 않은 것은 그래도 일말의 양심이 있다고 읽어도 좋을 일인 듯싶다. 어떤 얼굴을 하고 나타나도 가증스러워 보였을 것 같아서이다. 노벨 평화상을 수상한 그의 절친이 영정을 들었음도 당연하고 가슴 울리는 일이다. 호화로운 장례도 많지만, 고르비의 장례식은 많은 사람들에게 울림을 주고 있는 것 같다.

학생들에게 나쁜 영향을 끼치면 어찌하나 하는 막연한 불안감을 안고 들었던 그날의 강연 내용이 다 떠오르지 않지만, 자신의 선택이 과히 나쁘지 않았다는 안도의 숨을 내쉬며 인촌 기념관을 나왔다. 그날은 머리도 까맣고 주름도 없었는데 이제 모시올 같은 백발에 얼굴엔 물이 고일 정도의 주름이 자리했으니 세월이 야속하다 할까? 고르비가 말한 자본주의 실험기를 어느새 22년이나 살았지만 과연 얼마나 더 보다 떠나려는지, 곱게 늙을 수만 있다면 오래도록 보다 가고 싶다. 이왕이면 멋지게 살다 가면 좋겠다.

2022. 9. 5.

칼을 든 여인

 산천이 기지개를 켜기 시작한다. 먼 산에 아지랑이가 피어오를 날도 머지않다. 나른한 오후에 느릿한 걸음으로 동네를 걷는다. 설날도 지나고 곧 매화가 봄을 알리러 달려올 것이다. 이맘때가 좀 지나면 작은 바구니 옆에 끼고 산으로 들로 여인들의 발걸음이 이어졌다. 손아귀에 드는 작은 칼 하나씩을 들고 가는 여인들의 걸음걸이는 신명이 났다. 따라오지 말라는 성화를 뿌리친 채 언니들의 뒤꽁무니를 따라나선 열 살배기 어린 것 손에도 작은 칼이 쥐어져 있고 보자기 묶은 것 하나가 바구니처럼 매달린 채 따라간다. 70년 전 어느 이른 봄날의 풍경 한 토막이다.
 나물을 먹기만 했지 캔다거나 뜯는다거나 어느 쪽이 됐건 생소하기 이를 데 없는 낱말들이었다. 피난 간 지 몇 달 안 되었는데 일하는 언니가 동네 여인들과 나물을 캐러 간다기에 나도 갈 거라고 나섰다. 난감한 얼굴을 한 언니가 엄마한테 꾸중 듣는다며 한사코 안 된다는 것이 아닌가? 어머니는 외가댁에 가서 다저녁때 오실 것이니 걱정 없다며 우겨서 따라나섰다. 언니들은 앞서서 나물을 캐고 나도 깜냥에 열심히 나물을 캤다. 나물을 구분할 줄 모르니 겨우 익힌 쑥만 열심히 캤다. 뿌리가 따라 올라와 뽑히는 일이 수월치가 않아 애를 먹어가며 보자기 바구니를 채웠다. 온몸에 땀이 흥건히 배어 있었다.

 나도 이렇게 캤다고 속으로 어깨를 으쓱거리며 집에 왔다. 보자기를 풀어 본 언니가 외마디 소리를 치며 깔깔거리고 웃는다. 세상에 이렇게 뿌리째 뽑아 흙 범벅을 해온 애가 어디 있느냐며 혀를 끌끌 찼다. 아니 그럼 나물을 어떻게 캐냐며 덤비는 내 앞에 언니 바구니를 내보이는데 뿌리나 흙은 눈 씻고 보려야 보이지 않는다. 푸른 잎들로만 가득 채워져 있었다. 의아하게 올려다보는 내게 언니는 말했다. 그러기에 따라오지 말라 하지 않더냐고. 나물을 캐는 방법을 설명 듣고서야 그러면 뜯는다고 해야지 왜 캔다고 하느냐, 캔다는 말대로라면 내 방법이 맞는 것이라는 내 응수에 언니는 기가 막힌다는 듯 너 그래도 공부는 어떻게 살 하는지 천만다행이라고 칭찬 아닌 칭찬을 하는 것으로 그날의 이상한 기 싸움은 막을 내렸다.

 봄이면 좌판의 아주머니들이 수북이 쌓아 놓고 파는 나물 더미를 만나게 된다. 그때면 이제 고인이 되었을 그 언니를 생각하며 울컥 보고 싶어진다. 이렇게 여인들의 손에는 크고 작은 칼들이 들려져 세월을 자르며 사는 것인지도 모른다. 봄에 나물을 캐러 가는 일은 나들이를 겸한 봄놀이의 하나이기도 했다. 생업을 위해, 아니면 배고픔을 면하려 나물을 캐서 양식 대신 먹어야 하는 사람들도 많이 있었겠지만 나물로 먹기 위한 사람도 많았다. 이제 그런 나들이도 아무에게나 주어지는 행운이 아닌 세상에 살게 되었다.

여인들은 철이 나면서부터 숙명처럼 칼을 손에 든 채 이승을 힘겹게 살다 가는 것 아니었나 하는 생각이 든다. 식구들의 조석을 준비하려 매일 수없이 여러 번 칼을 든다. 일상의 세 끼 끼니 준비가 아닌 집안의 대소사 때면 여인들의 팔목은 반복되는 칼질에 시달려 시큰거리다 못해 심한 통증을 불러오기도 했다. 김장철이면 며칠 동안을 그런 노동에 매달렸다. 그러면서도 으레 할 일이거니 하며 즐겁게 일했다.

어머니의 도마질 소리에 아이들은 자라고 온 식구들은 건강할 수 있었다. 이제 세상이 변해서 여인의 손에서 칼을 빼앗은 시간이 많아졌다. 세상만사 다 장단점이 있기 마련이니 어떤 것이 옳다 그르다 할 수야 없겠지만 왠지 어머니의 칼도마 소리 없이 받는 식탁이 쓸쓸해 보인다. 배달해 먹고 반찬도 사서 먹는 경우가 많고 김장도 거의 사라져가는 수순이다. 여인들을 심한 노동에서 구해 낼 수 있어서 좋다고 할 수도 있겠으나 어던지 칼을 들지 않은 여인을 생각하면 가슴이 먹먹해 온다. 칼을 든 여인의 손과 가족 사랑이 정비례하는 것은 아니겠지만 그 가정의 모습은 왠지 삭막하기만 하게 다가온다.

봄이면 손수 나물을 뜯어 오는 여인의 손에 들린 칼을 만나고 이 집 저 집에서 앞다투어 들려오는 도마 소리에 실린 칼을 든 여인을 만나던 때가 그리워진다. 아주 조금이지만 김장이랍시고 하고 났더니 팔목이 시큰거려 파스를 덕지덕지 붙인 손목을 내려다보면서 내년에도 이런 몰골을 다시 보았으면 좋겠다는 생각이 머리를 스친다. 노욕이겠지만 그런 자신이 한심해 보이기보다는 대견해 보이니 착각도 중증인가 보다. 그래 여전히 칼을 든 여인이 아름다워 보인다. 머지않아 코로나도 꺾일 테니 칼을 든 여인을 많이 만났으면 좋겠다.

2022. 12. 22.

한 치 앞도 모르면서

바깥출입을 못한 지가 한 달이 훌쩍 지나갔다. 분주하게 다니던 일상이 사라졌어도 세상은 여전히 아무 일 없이 잘 돌아가고 있다. 내가 없어서 무슨 일이 안 되는 구석은 어느 곳에도 없다. 아아 이런 거였구나. 어찌 보면 모든 것이 나를 위해 보냈던 시간이었던 것을 무슨 큰일이나 하는 것 같은 착각 속에서 나름대로 사명감 같은 것에 사로잡혀 정신없이 다닌 것임을 깨닫게 되었다. 어떤 소명의식을 갖고 하는 일들도 모두 생각해 보면 자신을 위한 일인 것이다. 그런 일들이 모여 세상은 돌아가고 역사는 만들어지는 것인지도 모르겠다.

문학기행을 따라나섰다가 전혀 위험할 것 없는 평지에서 미끄러져 다리를 다쳤다. 건너편 그늘에 앉으려고 길을 건너는데 얕은 밭고랑 같을 정도의 둔덕에 오른발을 딛고 왼발을 딛는 순간 뒤로 미끄러지며 벌렁 나가넘어졌다. 순식간의 일인데 몸이 절반은 땅에 닿아 있고 절반은 공중제비가 된 것 같은 자세였다. 왼쪽 다리가 안쪽으로 땅에 찰싹 붙어 있는 형국이었고 발은 완전히 꼬여 있었다. 부러져서 발목이 돌아가 버린 것이다.

　구급차를 타고 정형외과에 가서 가벼운 깁스를 하고 서울로 이송되었다. 깁스를 할 때 다리를 잡아 빼고 좌우로 흔들고 주무르고 하는 과정이 어떻게 아프다고 말할 수 없을 지경이다. 그래도 그 과정에서 접골이 잘 되었던 것 같아 오히려 기분이 좋았다. 다친 순간 몸의 다른 곳이 아무 탈 없음을 알고 얼마나 감사했던지. 하나님은 그 순간 나를 붙잡으셨다고밖에는 설명할 말이 따로 없다.

　세브란스 병원에서 수술을 하고 나흘 후 작은 병원으로 옮겨 입원 치료를 2주간 받고 다시 세브란스에 가서 실밥 뽑고 진단 받고 정식으로 통깁스를 하고 1달 후에 와서 풀자는 진단을 받고 집으로 와서 요양 중이다. 고약하게 그리고 많이 다쳤는데 수술은 잘 되었고 아직까지 경과는 좋으니 조심하고 있다가 오라는 집도의의 당부를 뒤로하고 집으로 왔다. 수술 후 처음에는 완전히 한 발밖에 못 쓰니 아들을 기둥처럼 붙들고 발을 옮겨 화장실 출입도 해야 하는 고충은 이루 말로 하기 힘들었다.

　감사하다가도 암담하기도 하고 과연 사람 구실하고 살 수 있을까 싶기도 하는 생각이 밀고 올라오면 도리질을 치며 아니야,

하나님께 온전히 맡기기만 하면 돼, 하나님 선하게 인도해 주세요, 하는 말이 저절로 입을 밀고 올라왔다. 믿음이 좋아서가 아니라 불안이 극에 달하니까 걱정을 하면 그 걱정이 현실이 될까 두려워 도리질을 치면서 애꿎은 하나님만 찾는 것이다. 그렇게 날을 세어도 안 가던 날짜가 이제 한 자릿수로 떨어지고 단 1주일 앞으로 다가왔다. 드디어 다음 주 오늘이면 세브란스에 가서 깁스를 풀고 판정을 받는다. 제발 좋은 판정을 받아 일상으로 돌아가기만 바랄 뿐이다.

누워서 생각하니 분명 하나님의 섭리가 계실 것인데 이 난관을 극복해 가는 과정에서 무엇을 해야 할 것인지가 궁금하나 생각이 떠오르지 않는다. 하나님의 섭리 없이는 참새 한 마리도 땅에 떨어지지 않는다고 하셨는데 무슨 깊은 뜻이 있는 것인가? 아무리 생각해도 얼른 답이 떠오르지 않는다. 하도 바쁘게 다녔으니 몸을 좀 온전히 쉬라시는 것이라고 모두 격려와 위로의 말들을 전해 온다. 그래 맞는 말이다. 이번 기회에 자신을 철저히 돌아보아야겠다고 생각했는데 아직 아무 생각도 못해 봤다.

세상을 떠나는 일도 이렇게 불현듯 다가올 테지, 이왕이면 덜 후회하며 떠날 수 있게 살아야 할 텐데 자신이 없다. 이런 와중에서도 하나도 달라지지 않고 여전히 내 모습 그대로이다. 마음으로는 달라져야겠다고 다짐하는데 무엇을 어떻게 달리 할

지 아무 생각도 떠오르지 않고 머릿속이 새하얘진 것만 같다. 방송을 보면서도 여전히 시시비비를 따지고 흥분하고, 미운 것은 밉고 용서는 온전히 되지 않고 마음속은 여전히 흙탕물이다.

  내가 돌아다니고 상관하지 않아도 세상은 아무 일 없이 잘 돌아가는데 만용을 삼가야 한다는 생각을 주문 외우듯 하면서 시간을 보낼 뿐 건설적인 생각은 떠오르지 않으니 역시 구제 불능에 가까운 속물인가 보다. 그동안 잘 살도록 보호해 주신 하나님께 감사하는 이 마음을 계속 간직하도록 역사하시는 성령님을 내게서 거두어 가지 말아 주시라는 기도만 드릴 뿐이다. 오늘도 나는 집에만 있는데 세상은 여전히 역동적으로 돌아가고 있지 않은가. 한 치 앞도 모르면서 버둥거리는 일상도 여전히 버려지기 쉽지 않을 것 같다.

2022. 7. 1.

절반의 혼인

　예로부터 혼인은 인륜지대사라 해서 일생 최대의 중대사였다. 양성지합이 근본이고 자손 번창을 위한 일이었기도 하다. 종족 보존의 본능을 실현해 내기 위한 두 남녀의 짝짓기를 성스럽게 치른 것이 혼례이다. 혼인의 덕담 중 최고가 부귀다남이었다. 사람은 혼자 살 수 없고 더구나 부모는 언젠가 세상을 뜰 일이기에 자녀가 성년이 되면 서둘러 좋은 배필을 구해 혼인을 시키는 것이 부모 된 도리였다. 더욱이 경제력을 남자가 갖고 있는 농경사회에서 여자가 혼인을 하지 않으면 생계부터 걱정이었다. 그런 여러 이유들 중에서도 혼인의 최대 목표는 후손의 출생이었다. 그러던 시대에 아예 다남은 고사하고 자녀를 둘 수 없는 사람에게 딸을 주어 혼인을 시켰다니 믿어지지 않는다. 자신이 배필을 결정하던 때도 아니니 순애보적인 사랑의 결과도 아닐 일이니 더욱 궁금할 수밖에 없다.

광운대학교 뒷산으로 해서 초안산을 오르기 시작했다. 경사가 급하지는 않지만 미끄러질까 봐 다리에 온 힘을 모으고 간신히 일행을 따라간다. 할 수 없이 젊은 회원의 도움을 받으며 간다. 이제 정말이지 만용을 부리고 따라나서지 말아야겠다고 속으로 다짐을 하면서 발을 옮긴다. 그때가 되면 또 못 참고 나서겠지만 오늘은 진심으로 내 자신에게 신신당부를 하면서 올라간다. 코로나 때문에 조상 성묘도 못 간 형편에 웬 내시묘 탐방에 나서서 이 고생인지 모르겠다.

내시가 혼인했다는 얘기를 처음 들었을 때 아마 비공식적으로 남녀가 함께 지냈나 보다고만 생각했지 설마 정식으로 혼인을 했을 리가 없다고 생각해왔다. 수년 전부터 우연한 기회에 향토사에 관심이 있어 기웃거리다가 내시가 대를 이어왔다는 사실을 알게 되었다. 처음에는 그냥 홀몸으로 양자만 들여서 대를 이었나 보다고 생각했더니 엄연히 혼인을 해서 부부로 살았다는 것 아닌가?

세상에 어떤 부모가 딸을 내시에게 시집을 보냈을까? 아무리 생각해도 이해가 되질 않았다. 은평향토사학회를 창립하고 지금은 회장을 맡아 봉사하고 있는 박상진 역사학자가 상궁 내시 전문가인데 그로부터 내시묘가 은평구 이말산에 많이 있고 이곳 초안산에 내시 부부의 합장묘가 유일하게 보존되어 있다는 말을 듣고 오늘 따라 나선 길이다. 많은 내시묘를 그 박상진 회장이 찾아냈는데 이 묘도 아마 박 회장이 내시묘임을 밝혀냈는지도 모른다. 설명을 들었건만 기억이 희미하다.

경사가 급하지는 않아도 몇 번을 오르내리다가 정상에 닿았다. 초안산 자락의 매봉산 정상이라 했다. 그곳 녹천정 아래에 내시 승극철의 묘가 우람하게 자리하고 있다. 비석에 합장묘라 뚜렷이 새겨있는 게 아닌가?(통훈대부상세승공극철 양위지묘-通訓大夫尙洗承公克哲兩位之墓) 승극철은 선조 때 상선을 지낸 호성공신 김계한의 맏손자로 대전의 그릇을 담당하던 정6품의 내시로 아들은 박중창, 손자는 오윤환으로 연양군파 가승록은 적고 있다. 이로써 내시들은 내시를 양자로 들여 대를 이어오고 있음을 알 수 있다.

승극철의 이 묘는 여러 번의 이장을 거쳐 이곳에 옮겨 왔는데 부인 방씨의 선산에도 매장되었던 것으로 전해진다. 선산이 있을 정도이면 상당한 지위도 있을 법한데 내시에게 딸을 주었다니 더욱 해괴한 생각만 들어 머리가 복잡해진다. 승극철의 행적이 어떻고 임금으로부터 어떤 어떤 치하를 받았고 귀한 하사품도 많았다는 등의 설명을 박 회장이 열심히 하고 있다.

내시 부부 합장묘를 확인한 순간 다리에 힘이 빠지면서 털썩 주저앉아 봉분만 멍하니 바라본다. 옆의 사람들은 올라오느라 힘이 들어 그러는 줄 알 것이다.

부모가 배필을 정해주면 그대로 따를 수밖에 없었던 시절이라고는 하지만 사내구실을 할 수 없는 사람에게 시집을 가라는 명령에 얼마나 황당했을까? 정상적인 성생활이 불가능한 상태에서 일생을 부부로 살아간다는 것이 얼마나 힘들었을까, 생각할수록 방씨 부인이 가엾고 가슴은 애잔해지기만 한다. 무슨 연유로 그 부모가 그런 결정을 했는지는 알 길 없지만 벼슬이 그리도 좋더냐고 물어본다. 허공에 대고 물으니 대답이 돌아올 리 없지만 방씨의 어머니가 떠오르며 가슴이 아파온다. 모르긴해도 딸을 그렇게는 보낼 수 없노라고 남편과 사생결단하고 싸웠을 것 같다.

21세기를 사는 아낙의 생각일지는 모르지만 아마도 방씨 부인의 아버지가 벼슬에 눈이 멀었든지 아니면 말 못할 사정으로 돈이 궁해 딸을 팔았든지 한 것 같기만 하다. 공연히 남의 묘를 찾아와서 웬 명예훼손을 하고 있느냐고 힐책할지 모르지만 분노가 치밀어 오른다. 여성의 인권 같은 건 안중에 없는 가부장제의 극치 한 토막을 보고 있는 심정이 참담하다. 절반의 혼인이라고 속으로 혼자 소리치며 끓어오르는 분노를 삭이느라 물병을 찾아든다. 애초부터 부부생활이 불가능한 사람에게 딸을 주는 부모, 그런 혼인을 인정하던 제도, 하나같이 말도 안 되는 만용이다. 해도 너무한 인간 이하의 만행이다. 봉분을 쓰다듬는 것으로 방씨 부인에게 위로의 인사를 보내고 자리를 뜬다. 절반의 혼인, 절반의 혼인만을 되뇌며 산을 내려간다.

어떤 사정으로 한 혼인인지 알지도 못하면서 고인의 명예를 훼손하고 있다면 넓으신 아량으로 용서하시기 바란다. 오늘을 사는 아낙으로서는 도무지 이해할 수 없어 방씨 부인이 되기라도 한 양 화가 치밀어 견딜 수 없어 해 본 푸념이다. 이런 혼인도 인륜지대사일까?

2022. 1. 9.

나의 인생 나의 문학
― 글 한 편 흔적으로 남기고 싶어

　사람의 한 생이 누구에게나 유한하건만 현명한 사람들은 일찍 자신이 무슨 일을 하고 싶다는 뜻을 세우고 그길로 매진해서 성공을 거두는 경우가 있다. 팔십 고개를 넘고 보니 어차피 살아야 할 세월이었으니 진즉에 치밀한 계획 좀 세우고 살 걸, 그러지 못한 후회가 가슴을 친다. 아주 일찍 가문의 숙제를 풀답시고 여판사가 되겠다는 야무진 꿈을 세운 때까지는 꽤 현명한 사람들 축에 끼일 만했다. 초등학교 4학년 때였으니까. 6·25때 납북되신 아버지가 원하셨던 일이라기에 꼭 이루어 드리리라 굳게 다짐하고 옆도 보지 않았다.
　서울에서 교농초능학교 3학년에 다니다가 6·25전쟁을 맞고 아버지는 그해 9월 4일에 납북되시고 생사를 모른 채 어머니와 단둘이서 1.4후퇴 때 서울을 떠났다. 전주 외가로 내려간 우리 모녀는 피난민이지만 호강스러운 생활을 했다. 부자인 외가에 함께 들어가 살면서 서울 갈 날만 목이 빠지도록 기다리며 지냈다. 전주초등학교 3학년에 전학을 하게 된 것은 1951년 2월 학기말 직전이었다. 그때는 학기가 3월 말로 끝나니까 약 2달 정도 3학년을 새 학교에서 지냈다.

전교생이 일선 장병에게 위문편지를 써서 보냈는데 단 한 사람 내게만 답장이 왔다. 교장 선생님은 감격했고 조영숙 담임 선생님과 나를 교장실로 불렀다. 얼마나 편지를 잘 썼으면 바쁜 군인 아저씨가 답장을 다 써 보냈겠느냐는 게 교장 선생님 해석이셨다. 갑자기 굴러들어온 돌이 박힌 돌 뺀다는 듯이 질시하는 애들도 있었는지 어쨌는지 알 수 없지만 일약 유명인사(?)가 되어 주목받는 아이가 되었다. 덩치는 백두산만 하게 커서 가뜩이나 남자애들의 놀림감이었는데 쟤야, 쟤야, 해 가면서 노골적으로 놀려대고 운동장에서 고무줄놀이를 하면 나 때문에 우리 친구들까지 짓궂은 남자애들 때문에 고무줄이 끊기는 등 낭패한 꼴을 당하기 일쑤였다.

답장을 또 써서 보내라는 교장 선생님 엄명에 따라 편지를 보냈더니 또 답장이 왔다. 그런데 그때는 쪼끄만 계집애가 맹랑하게도 어쩐지 또 편지를 보내면 안 될 것 같은 막연한 생각이 들어 답장을 보내지 않았다. 다시 한번 편지를 못 받았냐는 답장이 온 것 같기도 한데 그 기억은 선명치 않다. 아무튼 남자인 국군 아저씨와 자꾸 편지가 오가면 안 될 것 같다는 생각을 했으니 꽤 조숙한 아이였던 모양이다. 글을 잘 써서 답장이 온 것이 아니라 아버지를 빼앗긴 분노와 증오를 담아 일선에서 그 원수들을 무찌르고 있는 아저씨에게 얼마나 절절한 감사의 너스레를 떨었으면 고된 시간에 답장을 썼겠나 싶다.

4학년에 올라가니 특별 활동 시간이라는 게 있어서 문예반을 지원했다. 물론 위문편지 건으로 우쭐하기도 했겠지만 어려서부터 집에 책이 많고 어른들이 많은 데다가 집안의 대학생들이 우리 서울 집에서 학교들을 다녔기 때문에 분위기가 책을 많이 읽고 그 오빠, 아저씨들이 많은 영향을 끼쳤기에 생각하는 것이 또래 애들 보다 좀 앞섰던 것 같다. 그리고 어머니가 세계 아동 문학 전집, 안데르센 동화집 등을 전집으로 사다주고 어린이 문학잡지를 모든 종류 다 망라해서 정기적으로 사다 주어 읽었다. 게다가 유치원에서 한글을 깨쳐서 일찍부터 만화로 우리 고전을 많이 읽었다. 콩쥐 팥쥐는 말할 것도 없고 숙향전에 이르는 다양한 만화에서 문학친화적인 소양이 자연히 길러졌든지 어쨌든지 문예반에 가고 싶었다. 문예반 선생님은 키가 크고 호남형의 멋진 선생님이었다.

동시 몇 줄 썼겠는데 유감스럽게도 한 편도 갖고 있시 못하니 아쉬운 일이다. 5학년에 올라가 문예반에 갔더니 그 최 선생님이 다른 학교로 전근 가셨다고 다른 선생님이 계셨다. 공연히 심술이 나고 문예반에 가고 싶은 생각이 싹 없어졌다. 그러던 중 중학교 입시 준비에 전념해야 하겠기에 문예반에 가는 것이 시간 낭비일 것 같아 깨끗이 단념했다. 이렇게 유년 시절의 문학과 나의 인연은 독서광인 것을 빼고는 여기서 일단 막을 내린다. 그 후로는 국어시간을 즐기는 소녀 시절을 보내며 소설을 빠짐없이 읽어 세계 문학전집들을 중학교 때 거의 읽었다. 그때는 국어2라는 과목이었던 우리 고전 문학과 국문학사가 문과 반인 우리 교과 과정이어서 지금의 대학 교양국어 수준보다 더 깊은 부분까지 섭렵했다. 이런 것들이 나도 모르는 사이 문학적 토양으로 쌓여 갔던 모양이다.

초등학교 5학년인가 6학년인가 때는 정확히 기억나지 않는데 인도의 판디트 여사가 유엔총회 의장에 당선되었다. 눈이 번쩍 뜨이면서 어머나 저런 여자도 있구나 나도 저렇게 되고 싶었다. 이종 오빠에게 어떻게 하면 저런 여자처럼 될 수 있느냐니까 외교관이 되어야 한다는 것이었다. 그러면 아버지께 미안하지만 여판사의 꿈을 접고 외교관이 되어야겠다고 했다. 그때 이종오빠의 한마디 말이 그 꿈을 순간에 뭉개 버렸다. 외교관은 예뻐야 되는 건데 너는 예쁘지 않아서 안 되니 생각도 하지 말라고 놀렸다. 내가 예쁜 것 같지는 않아서 그 말을 곧이듣고 도로 여판사의 꿈을 꼭 붙들었다.

중학교를 서울로 오려던 마음속 소원은 오빠가 우리 모녀를 서울로 보내지 않아 수포로 돌아가고 전주여중에 진학했다. 중학교 1학년 때 황윤석 판사가 우리나라 최초의 여판사가 되어 매스컴을 장식했다. 그 사진을 열심히 들여다보며 나도 꼭 이렇게 되리라고 생각하며 이미 법과대학 지망생의 꿈을 굳혀버렸다. 줄곧 반장을 하고 중학교 때는 학도호국단 연대장을 했고 고등학교 때는 학생운영위원장을 하며 지도력을 키웠다. 중2 때 선생님께 등 떠밀려 나간 교내 웅변대회에서 우승을 하면서 시작된 웅변부 활동은 몸을 빼내 올 수가 없어 고3 전반부까지 불려 다녔다. 서울까지 전북 도 대표로 올라와 전국 우승까지 했지만 입시 준비로 매번 이번이 마지막이라며 선생님과 신경전을 펼쳤다.

  법과대학을 가면 판사는 당연히 되는 줄 알았던 숙맥이 고려대학교 법과대학에 합격되었다. 아버지께 숙제를 다 한 것처럼 기뻤다. 그 순간처럼 김일성이 이가 갈리도록 미운 때는 없었던 것 같다. 시험은 항상 잘 보는 것이었기에 고등고시도 그럴 줄 알고 법대생이 된 것이 마치 판사 다 된 것처럼 믿었던 철부지는 끝내 건강이 발목을 잡아 고등고시 응시원서 한 장도 써 보지 못하고 학업만 마쳐 법학사로 그쳤다. 지금 생각해 보면 사람에게는 운명이라는 것이 있기는 한 것 같다. 어머니와 살아가야 하니 취직을 해야 했고 아파서 고시를 포기할 수밖에 없을 때 대안으로 생각했던 외국 유학의 꿈은 눈물을 머금고 접었다.

기자가 되어 경제부 취재를 하면서 견문을 더욱 넓히고 독신주의를 구가하던 노처녀가 어이없이 어머니를 홀연히 잃었다. 60도 채 안 된 어머니가 아버지 그리움에 떨던 19년을 뒤로 하고 하늘로 가신 것이다. 나한테 한마디 말도 없이 떠나간 엄마, 그것은 배신이었다. 인생사 이렇게 아무것도 아니라면 오빠가 그토록 가라는 시집이나 가 보자는 심경의 변화로 1970년 스물아홉 노처녀가 시집을 갔다. 같은 언론계에서 일을 하면서 지내리라 했는데 몸이 너무 아파서, 퇴직하고 집에 들어앉았다. 혼인 후 출근했더니 아니 인사만 하고 빨리 들어가지 왜 이렇게 오래 있느냐는 국장님 말씀에 저 출근한 거라고 하니까 여자가 무슨 혼인하고 출근을 하느냐며 의아한 얼굴을 했다. 사표 낸 적 없다 했더니 여자는 사각봉투가 사직서지 뭐 따로 그런 거 내느냐고 했다. 청첩장이 사직서라는 해괴한 해석에 토를 달며 출근을 버텼건만 몸이 이유 없이 아파서 포기할 수밖에 없게 된 것이다. 건강한 사람인데 결정적인 두 번의 건강악화는 지금도 이유를 알 수 없는 일이다. 운명이라고 할 수밖에 없는 기이한 일이었다.

  아이를 남매 낳아 기르면서 집에 있게 되었지만 직장만 없어졌지 내 몸은 집에 머물 수가 없었다. 한국여성단체협의회가 가족법개정을 추진하면서 법과대학 나온 여자가 혼자만 편하자고 집에 있느냐면서 불러내어 여성운동이라는 것에 발을 들여

놓게 되었다. 그것이 평생의 일이 될 줄은 예상치 못했다. 1981년 한국여성단체협의회 실무 총책임자인 사무처장으로 이숙종 회장은 나를 발탁했다. 4년 반 동안 신나게 일하고 많은 일을 했다. 세계 여성 10년 후반기였던 기간이라 양성평등 구현의 굵직한 일들을 수없이 많이 촉구하고 이루어낸 역사적 시기에 그 추진의 중심에 섰던 것은 큰 행운이었다. 학생 때의 리더십과 기자 경력에서 길러진 기지와 민활한 선택과 밀어붙이는 추진력 등이 한데 어우러져 신나게 일했고 많은 성과를 얻어냈다. 여러 단체와 선배 지도자들의 성과지만 그 일을 일선에서 직접 심부름했다는 자부심은 지금도 미소 짓게 한다.

1985년 4월 한국여성단체협의회 사무처장직에서 물러나고 대학 강단에서 25년간 여성학을 강의했다. 여러 일을 하다가 1974년부터 본격적으로 써 오던 수필을 제대로 쓰고 싶었다. 1975년에 수필이 한국문학과 수필문학에 게재되어 등단이 된 셈이라 했지만 추천 절차를 밟고 싶어 월간 『수필문학』에 2회에 걸친 추천 완료로 1990년 3월 문단에 등단했다. 문단 경력을 참고할 때 연도가 중요하니 1975년으로 고치라 하지만 실제로 내가 글을 잘 쓰는 것이 중요하지 그게 무슨 내숭이랴 싶어 그냥 지낸다. 나는 문학에 소질이 많아서 쓰는 것도 아니고 서정성이 풍부하지도 못하다. 그런데 쓰는 이유는 무엇일까? 솔직히 고백하자면 세상에 나왔다가 무슨 흔적을 남기고 가야 할 텐데 그것은 글을 쓰는 일밖에 없다고 생각되었다. 순수하지 못하고 매우 불순하다고 지탄받아도 할 수 없다. 나의 글쓰기는 나의 성취감을 만족시키기 위함이었고 내 이름 석 자를 세상에 드러내고 싶어서였다. 그리고 역사에 남을 만한 위업이 없으니 운 좋으면 작품 한 편 말석에라도 남겨져 훗날 세상 사람들에게 읽히기를 바라는 야무진 꿈 때문에 나의 문학은 시작되었다. 이제 문학은 내게 반려이다. 국제펜한국본부 부이사장의 일까지 맡게 되었으니 그 막중한 책임을 잘 감당하는 것도 내 문학인생의 큰 획이 될 것이다.

현명한 사람 축에는 못 들어도 한 편의 작품을 남기고 갈 수만 있다면 더 다른 소원은 없다.

2022. 2. 3.

눈먼 고기

　사람은 무엇을 위해 살다 죽을까? 아니 모든 생명체는 무엇을 위해 살아갈까? 조금의 예외는 있겠지만 하나같이 자신의 종의 보존을 위해 혼신의 힘을 다 바쳐 살다가 빈껍데기만 남아 스러지는 것은 아닌지 모르겠다. 사람뿐만 아니라 동물도 자신의 새끼를 위해 자신을 버려가면서 지켜내는 것이 대부분이다. 식물도 열매를 맺고 씨앗을 남기기 위해 밟히면서도 살아남는다.
　사람들의 취미생활도 유행이 있는 것 같다. 우리 젊은 시절에는 낚시가 여가 생활의 주종을 이룬다 할 정도로 주말 새벽이면 낚시꾼들이 서둘러 집을 나섰나. 골프가 대중화되기 전이어서 등산과 낚시 정도가 여가 생활의 전부라 해도 과언이 아닌 시절의 풍속도 중의 한 장면이다. 왜 그렇게 낚시에 심취했을까 생각해 보아도 답은 잘 모르겠다. 다만 낚시가 바로 인생과 같아서 빠져드는 것은 아닌지 모르겠다는 생각을 문득 해 본다. 미끼를 끼워서 늘어뜨리고 앉아 고기가 제풀에 물어 주기를 기다리는 낚시는 요즘같이 도구가 발달 된 현대에 와서는 고기를 잡기 위한 수단하고는 거리가 먼 개념이 아니던가? 고기를 잡는 것이 목적이라면 망을 던져서 건져 올리면 쉽다는 것은 설명할 필요도 없는 일이다. 고기가 목적이 아니라 그 과정과 자신의 낚시에 고기가, 그것도 대어가 걸려들었을 때의 그 짜릿한 손맛 때문에 낚시의 함정에 기꺼이 빠져드는 것이다. 결국은 성취감의 극대화가 낚시의 묘미인 셈이다.

 인생사와 너무 흡사해서 사람들은 거기 빠져드는 것인지도 모른다. 특히 대어가 걸렸을 때 허둥대다가는 놓치고 마는 것이 다반사이고 침착하게 천천히 낚아채야 대어 판화 액자를 만들어 걸 수가 있다. 피라미 몇 마리밖에 못 낚은 남편들이 호기 있게 아내 앞에 다래끼를 들이대려고 남대문 시장에는 민물고기 어시장이 성시를 이루곤 했다. 언제부터인가 시나브로 그런 풍경들이 사라지고 이제는 낚시 가게도 찾기 힘들게 되었다. 낚시의 퇴조가 아쉬웠던지 소리를 낚는다는 해괴한 소리가 심심찮게 돌아다녔다. 이제는 휴대전화의 문자에까지 영역을 넓혀가히 성업 중이라 하니 낚시의 진화라고 보기에는 너무 기막힌 일이 되고 말았다. 남이 당한 이야기를 들을 때면 에이, 그런데 속아 넘어가다니, 말도 안 된다면서 콧방귀를 뀌지만 막상 자신이 당하면 훨씬 더 허술한 꼬임에도 쉽게 넘어가고 마는 것이 그 소리 낚시라는 괴물의 정체이다. 주로 노인이 피해 대상이 많은 연고인가, 그들의 쇠약한 청각까지를 배려(?)해서인가 친절하게도 문자로 공세 방법을 바꾸고 있다.

며칠 전 걸려 온 전화가 내용이 복잡한 데다 상대방이 어려운 부탁을 하는지라 끼어들기 싫어서 사양하는 전화를 장장 2시간이 넘도록 끊지 못하고 곤욕을 치렀다. 겨우 끊고 조금 있다가 그동안 걸려왔을 전화가 궁금해서 열어보니 딸에게서 문자가 와 있었다. 자기 휴대폰이 고장 나서 수리 맡기고 이것은 문자서비스만 되는 것을 빌려 쓰는 중이니 빨리 문자 해 달라는 내용이었다. 자기가 부탁할 것이 있다는 내용도 들어 있었다. 순간 딸에게 너무 미안하고 창피해서 얼굴이 붉어지며 숨이 가빠지기 시작했다. 얼마나 애가 탔을까? 어미라는 것이 쓸데없는 전화를 2시간이 넘도록 붙들고 있느라 딸의 애간장을 태웠을 생각을 하니 미안하고 속상하고 어찌할 바를 모를 심정이었다. 서둘러 문자를 넣고 그로부터 나는 눈먼 고기가 되어 문자낚시에 장장 4시간 동안 끌려다니게 되었다. 전화위복이라는 밀의 덕을 본 걸까? 휴대폰의 앱 설치 기능 등을 할 줄 몰라서 더듬거리다가 마지막 추락 일보 직전에서 구출되었다.

초장에 주민등록증은 사진 찍어 보낸 후였고 그 후속으로 지시가 찍히는데 아무리 하라는 대로 해도 그 필요한 화면이 뜨지 않고 스르륵 지나가 버리는 바람에 화를 면했으나 그 순간에는 따라가지 못하는 내가 그렇게 미울 수가 없었다. 무슨 서류를 빨리해서 어디 보내야 하는 데 인증이 필요하다고 절절히 찍어 오는데 어미가 서툴러서 딸 진을 빼고 있다는 자책감과 미안함, 딸의 일이 그르치게 될까 봐 드는 조바심 등으로 진땀이 나고 가슴이 울렁거리기 시작했다. 내가 사무실로 달려나가겠다고 하니까 그렇게라도 해 달라고 찍혔다. 그제야 동네 휴대폰 가게에 가서 도움받으면 될 것 같다는 생각이 머리를 스쳐 딸에게 물었더니 가게에 가서 문자 달라고 하고 끊었다.

달려나간 휴대폰 가게 주인이 사기라며 딸에게 전화를 걸어 보란다. 고장 났다지 않느냐고 도리질을 치는 내게 글쎄 거짓말이니까 빨리 걸어 보라지 않는가? 후들거리는 손가락이 마지막 번호를 누르자마자 천연덕스러운 딸의 목소리가 들려왔다. 주저앉지 않은 것이 다행이었다. 집 앞 버스정류장에 내리려는 중이라는 아이는 왜 그러냐고 묻는데 분위기가 경쾌하기 그지없다.

보이지 않는 낚시를 물어보려고 소리에 따라 춤을 추던 눈먼 고기는 이렇게 낚이지는 않는 행운을 얻었다. 정신을 차리고 검색해 보니 장장 4시간의 악몽이었다. 자식이 무엇이기에 그 아이가 필요하다니까 앞뒤 잴 것도 없이 마구잡이로 매달렸던 4시간, 이것이 부모라는 자화상이라면 너무 심한 비약이려나?

그동안 온 나라를 들쑤시던 일들 중에 우리네 부모들의 비뚤어진 자식 사랑이 온갖 추태로 나라를 뒤흔들었다. 그들 역시 오늘의 이 아낙 같은 그저 자식에게 눈먼 한 마리 고기에 지나지 않았을 수도 있다. 내가 그 자리에 있었다면 나 또한 어쩔 수 없이, 아니 오히려 더 했을지도 모른다는 자성이 가슴을 치고 지나간다. 딸이 즉시 온갖 신고와 대처로 금융 사고는 당하지 않게 조치하였다. 범죄자들의 손에 주민등록증이 들어가 사진까지 보이게 되었음이 불쾌하기 그지없으나 감사의 기도에 덮여 버렸다.

그래도 눈먼 고기의 심정을 이해하는 딸의 태도를 보니 이제 눈을 감아도 괜찮을 것 같다는 안도의 숨 한 자락 평화롭게 쉬어진다.

시장은 여전히 살아있다

　환경에 적응하면서 사는 게 모든 생명체의 본능이다. 얼핏 볼 때 인간만은 그 환경을 자신이 만들기도 하고 극복해 가면서 사는 것 같아 보여 만물의 영장이라고 자부하는지도 모른다. 생각할수록 말도 안 되는 착각이다. 역설적으로 들릴지 모르지만 그 적응을 최대한 많이 하고 빨리 해서 불편을 최소화하는 일에 인간은 매달려왔다. 그 결과로 얻어지는 것이 좀 더 쾌적한 삶이다.
　물가가 오른다고 아우성이다. 오이 하나가 천 원을 할 지경이라고 야단들이어서 마트를 그만두고 시장으로 발길을 돌린다. 여전히 물건값은 입이 다물어지지 않을 정도로 올랐다. 같은 채소라도 잘 다듬어서 일손을 덜어 주게 만들어 파는 것은 물론 비싸다. 가게 밖으로 나오면 길거리 좌판에 시골 할머니가 정말 텃밭에서 금방 따 들고나온 것 같아 먹음직스럽게 보이는 호박이며 호박잎 등이 눈길을 사로잡는다. 당연히 집어 들고 시장주머니에 넣는다.

　생선가게의 넓은 수족관 안을 휘젓고 다니는 생선에 눈이 꽂히자 또 망설임 없이 지갑을 연다. 가게 초입 바닥에 널브러져 있는 생선들이 불결해 보이는 게 아니라 싱싱해 보이는 것 같아 역시 마트의 진열품과는 차원이 다르다며 얼른 또 손질을 부탁한다. 이래저래 얼마 안 가 시장바구니가 천근같이 무거워 들고 가기 힘들다.

　물가가 올라 딴에 절약을 해 보겠다고 나온 발걸음이 또 과다 구매를 하고 말았다. 그래도 마음은 깃털처럼 가볍다. 반세기 전의 추억이 어느새 어깨를 감싸며 안마를 시작했음이다. 불광시장은 불광제일시장이라는 이름의 곳과 건너편의 대조시장이라는 이름의 것들이 한데 뭉쳐서 불리는 이름이다. 1970년 은평으로 시집와서 오늘 반세기가 넘도록 드나드는 곳이니 정이 들었다기보다 그냥 우리 집 마당 같은 기분이라 함이 더 맞는 표현이 될지 모르겠다. 그때는 서울 서북부는 물론이고 고양 파주 사람들까지도 큰 장을 보려면 이곳을 찾았으니 그 영화가 대단했다.

　채소나 반찬거리 정도가 아니라 의류 침구에 이르기까지 이 지역의 상권을 거머쥐고 있었던 것이다. 그러다가 듣기로는 지하철 3호선이 뚫리면서 젊은이들이 압구정동으로, 강남으로 손쉽게 빠져나가면서 불광시장 상권이 죽기 시작했다는데 그 진위는 확인하지 못했다. 아무튼, 한번 기울기 시작한 쇠퇴의 바람은 쉽게 찾아들지 못했다. 한때 아이들 학교 때문에 서둘러 집을 팔고 이곳으로 몰려들던 학부모의 발길이 언제부턴가 점점 뜸해지면서 예전에는 여기가 8학군이었다는 자조 섞인 푸념으로만 남게 되었다.

발 빠르게 강남으로 날아간 영이 엄마는 그래서 아이들을 다 좋은 학교에 보냈는가? 부럽기도 하고 민첩하지 못한 어미 때문에 내 아이가 더 발전하지 못한 것은 아닌가 싶은 자괴감이 들기도 한다. 과일가게를 지나는데 자두를 더 사달라고 칭얼대던 아이의 어리광이 귓가를 스치면서 기분 좋은 웃음 한 자락 입가를 맴돈다. 이것으로 족하다. 건강하게 자라주어 제 몫을 다하고 있으니 그것 외에 무엇을 더 바라랴.

남편이 그냥 지나치지 못하고 친구들과 술잔을 기울이고야 들어오던 엉터리집도 건재하다. 코로나 영향인지 실내가 좀 빈 듯하지만 그래도 성업 중이다. 오늘은 시장주머니 때문에 안 되겠고 불원간 한 번 홀가분한 마음으로 친구와 함께 순댓국에 코를 박아 보아야겠다. 순대 같은 것을 어떻게 먹느냐고 먹는 사람을 이상하게 쳐다보던 사람이 남편 따라 다니다 보니 40 넘어 순대 애호가가 되었건만 요즘은 혼자 먹기 싫어서 오랫동안 안 먹은 것 같다.

낑낑거리며 몇 발짝 걷다가 할 수 없이 택시를 잡아타고 집에 왔다. 집 앞 마트에서 샀으면 오히려 지출액이 더 적었을 터인데 또 미련한 짓을 했나 보다. 이래서 사람이다. 계산으로만 살아지는 게 아니다. 월급을 예로부터 쥐꼬리라고 부르는데 그 쥐꼬리가 길어지기는 어려우니 거기 맞춰 살아가는 방도를 궁리하고 적응해 나가야 한다. 오늘 나처럼 추억여행의 정감에 젖어 엉뚱하게 과다 구매하지 말고 자주 장에 나가 그때그때 꼭 필요한 것만 조금씩 사 서 쓰면 쥐꼬리를 좀 길게 쓰는 결과가 올지도 모를 일이라는 생각이 든다. 우리 집처럼 약간 멀다 싶으면 운동으로 생각하면 될 일이다. 세상만사 생각하기 나름 아니던가?

　우리를 둘러싼 환경에 질 것이 아니라 환경을 바꾸고 이기고 적응해 가는 것은 우리 인간의 특권이고 본능이다. 이성으로 본능에 충실하자고 하면 아이러니가 되려나?

2022. 7. 29.

역사가 좋아서

 역사를 좋아해서 여기저기 찾아다니기를 즐기는 내게 은평향토사학회는 그야말로 환상의 모임이었다. 내가 사는 고장의 역사를 깊이 배울 수 있다는 게 얼마나 흥미로운 일인가? 상궁 내시 전문가라는 역사학자 박상진이라는 소설가를 처음 소개 받고 흥분했던 기억은 지금도 새롭다. 그 많은 분야 중에서 어떻게 구중궁궐 속의 임금을 지척에서 모시던 궁녀와 내관들에 대한 연구를 하게 되었을까 궁금하고 신비로운 생각까지 들었다.
 아무튼 답사가 있을 때마다 어김없이 따라나서고 세미나, 토론회, 좌담회, 연구 발표회 등 어떤 형식의 모임이건 되도록 놓치지 않고 참석하려 무진 애를 썼다. 은평향토사학회의 발족에 깊이 관여한 것 같은 기억은 없으나 초기부터 참여했던 것 같다. 지금의 회장 박상진 박사가 총무를 맡아 열심히 봉사하는 모습을 오랫동안 지켜보며 향토사에 재미를 더해 가게 되었다.

내 동네의 어느 곳이 예전에는 어떤 곳이었을까? 어떤 사람들이 어떤 모습으로 살아갔을까? 궁금하고 알고 싶고 알아가면서 꿀맛 같은 재미를 느끼는 이 묘미는 아무나 누릴 수 있는 행운은 아니다. 그런 일들에 관심이 없으면 아무리 진기한 것을 보여줘도 무덤덤한 반응을 보이는 친구들도 많다. 아무튼 지난 20년 동안 무던히도 많이 돌아다녔다. 내 고장을 아는 것만으로 직성이 풀리지 않아 나라 구석구석을 찾아다녔다.

우리끼리 다니는 것으로도 성이 차지 않아 다문화 가족들을 모셔서 역사 현장을 누비고 다녔다. 그 답사가 얼마나 의미 있고 보람된 일이었는지 함께 다녀본 사람이 아니면 그 진수를 못 느낀다. 앞으로 우리의 귀한 가족이 될 그들에게 이 나라의 역사를 조금이라도 알게 해 주고 우리와 동질성을 느끼게 하는 씨앗을 뿌려주는 그 답사야말로 답사 이상의 사명감 같은 것을 가슴 가득 안겨주는 색다른 행사이다.

행주산성을 찾았을 때 행주치마에 돌을 날라 와서 나라를 지킨 옛 조상들의 이야기를 들려줄 때 신기하다는 듯 그 그림을 쳐다보며 진지하게 설명 듣던 다문화 가족 어린이들의 모습은 지금 생각해도 감동적이었다.

은평 뉴타운 건설 공사 현장에서 조선시대 분묘군이 발굴되어 잠시 공사가 중단되고 현장을 일부 시민들에게 공개할 때 우리 회원들이 단체로 참관할 수 있었다. 양반의 묘소와 상놈이라 불리던 일반인의 묘소가 한데 뒤엉켜 켜켜이 쌓여 있는

땅속의 모습에 관련 학자들은 흥분했다. 예전에 명당에 몰두한 나머지 명당이라고만 하면 남의 산소에 몰래 자신의 조상묘를 써 버리는 일이 많았다. 그래서 조선시대 송사(訟事)의 80% 정도가 분묘와 산소 쓰는 일 등이 차지하고 있다는 연구가 있을 정도였다. 바로 그 증거가 눈앞에 펼쳐지고 있으니 그들은 흥분할 수밖에 없었다. 이런 것들을 그날 거기 가서 듣고 알게 된 일들이다.

  양반의 묘는 석회를 쓴 회곽묘이고 일반인들은 석회를 쓸 수 없어 그냥 묻었기에 토곽묘라 한다. 이래서 확연히 구별할 수 있기에 켜켜이 쌓인 것을 구분할 수 있었다. 하얀색과 파란색으로 그 묘들을 구분해서 표시해 놓은 것이 지금도 은평 한옥역사박물관에 전시되어있다. 그때 현장에 그 묘들에서 발굴된 부장품들이 전시되어 있었는데 옥에서부터 은붙이들까지 여러 가지 물품들이 그 당시의 생활상을 짐작할 수 있게 하여 인상적이었다. 아파트 공사가 시작되었다는 이유로 부장품들만 수습하고 공사가 진행되었지만 내 좁은 소견으로는 그곳은 보존되어야 마땅한 곳이었다. 역사 전공자는 아니지만 그런 곳은 현장을 보존하여야 그 진면목을 알 수 있지 다른 곳에 그 모양대로 전시하는 정도로는 실상을 전하여 알리기 어렵기 때문이다. 앙증맞게 작은 은수저 등이 지금도 눈에 아른거린다.

  충청도 쪽에 답사를 갔다가 성삼문의 다리가 묻힌 곳이라는 설명을 듣고 말문이 막혔던 기억은 지금도 가슴을 쓰리게 한다.

거형을 받았던 성삼문의 시신이 여러 곳을 돌아 일부분이 거기 묻혔다는 설명이었다. 일 욕심이 많은 박상진 회장의 열성 때문에 답사는 예정했던 것보다 한 가지라도 더 보아야 돌아올 수 있었다. 그러다 보니 출발지 은평구청 앞에 오면 밤 10시쯤일 때도 부지기수로 많았다.

강원도 법흥사가 그날 답사의 마지막 코스이던 날의 기억은 지금도 인상적이다. 법흥사에 아직 가지 못했는데 어느새 해가 지기 시작했다. 그때 떠나도 서울에 밤 도착이 뻔한 일인데 기어코 법흥사에 다녀가야 한다는 것이다. 고개를 갸웃거리며 내키지 않는 걸음을 옮겼는데 적멸보궁 법흥사의 밤 풍경은 무어라 표현할 수 없는 신비 바로 그것이었다. 아스라한 그 풍경을 언제쯤 잊을 수 있을지. 몇 밤을 새워도 답사 현장의 아름다움과 가슴 설렘을 다 말할 수 없을 것 같다.

지방 답사만 다닌 것이 아니다. 은평구의 구석구석을 박상진 회장의 안내로 속속들이 찾아다니는 행운을 누렸다. 박 회장은 전해 내려오는 내용을 근거로 현장을 찾아내고 증명한 곳이 여러 곳 있다. 응암동의 매바위를 찾아갔던 날의 심정은 지금도 글이 잘 써지지 않을 정도로 착잡하다. 조선시대 임금님이 직접 사냥을 나와 그 바위에서 손수 매를 날려보냈다는 바위가 개인주택 앞마당 구석에 처박혀 있는 게 아닌가? 그것도 쪼여져 원래의 형상도 아닌 채로 말이다. 파내려다가 꿈쩍도 않는 바람에 쪼아 없애버리려 한 것으로 추정된다는 설명을 하는 박 회장도, 답사 나선 우리 회원들도 모두 망연자실할 수밖에 없는 침통한 분위기였다.

말로만 들었던 산골(山骨)이 나온다는 작은 광산을 찾았을 때는 신비롭기까지 했다. 날마다 지나다니던 버스 길옆에 숨어있다시피 한 작은 광산은 재미있기도 하고 신기했다. 은평은 참 재미있는 우리 역사를 많이 지니고 있는 고장이다.

아아 강산이 두 번 바뀌는 동안 우리 은평향토사학회도 많이 자랐다. 앞으로 더욱 잘 자라서 자랑스러운 우리 역사를 더욱 풍요롭게 하는 버팀목, 거목이 되기를 두 손 모아 기원한다.

2022. 11. 24.

왜 열광하는가

그물망 앞에서 손들을 한껏 치켜 올려 공에 손을 마주 댄다. 얼핏 보면 그런 형상이다. 사실은 그 양쪽 손들의 힘은 괴력에 가깝고 누가 강한 스파이크로 공을 던져 꽂아 상대방이 공을 놓칠 수밖에 없이 만드느냐가 열쇠가 되는 절체절명의 순간순간이다. 무엇 하러 그 광경을 손에 땀을 쥐고 쳐다보며 일희일비하는가? 어떤 것은 정말 잘 쳐서 그렇게 된 것 같기도 하고 어떤 것은 치는 실력은 보통인데 운 좋게 빈 곳에 던져진 것 같아 보이기도 한다. 그야말로 구경꾼의 눈에 그렇게 보일 뿐인 것이다. 거의 모든 운동 경기가 마치 인생 한판과 다르지 않아 보여서 우리는 그렇게도 열광하는 것인지도 모른다. 아무튼 지금 이 순간 김연경이 있어 행복하고 자신이 바로 그인 것 같은 착각 속에 온 국민이 빠져 있는 건 아닌지 모르겠다. 2020 도쿄 올림픽 대한민국 국가대표 배구팀의 김연경 주장,

그가 36도의 무더위도 무색하게 만들며 국민들 마음을 쥐었다 놓았다 하는 것은 그의 실력만이 아니라 팀을 하나로 결속시키고 격려로 힘을 실어주는 탁월한 리더십에 대한 열광인 것이다.

여고 1학년 봄에 우리는 200리 길을 기차로 달려 남원으로 응원을 갔다. 인문학교에서 우리 학교 배구팀이 전북 도 결승전에 진출하게 되니 그야말로 개교 이래 역사적 사건이었다. 학년 전체인지 전교생인지 기억이 확실치 않지만 아무튼 우리 학년은 다 함께 공부를 잠시 접고 원거리 응원 길에 오른 것이다. 우리는 바로 우리 친구 김영희의 강스파이크에 환호하며 남원의 배구장에서 마음껏 응원의 함성을 질러댔다. 모두들 수줍음을 타는 전주 아가씨들 틈에서 김문철 체육 선생님에게 뒷덜미를 잡혀 질질 끌리다시피 앞에 설 수밖에 없게 된 이 몸이 그날 응원의 전사가 되었다.

한 번도 해 본 적도 없고 생각조차 해 본 적 없는 응원단장 격의 역할을 하라니, 그것도 지금 시합이 벌어져 격렬한 승부의 순간이 펼쳐지고 있는데 힘을 보태야 하는 응원을 리드하라니 촌각의 여유도 없는 일 아닌가. 할 수 없이 3.3.7. 박수와 VICTORY를 알파벳 한 자씩 외치는 것으로 시작해서 겨우 명맥을 유지할 정도의 응원을 시작했다. 한 두어 번 그렇게 하다가 나도 모르는 사이에 마치 신 내린 무당의 칼춤 추는 수준으로 내 몸짓이 급변하고 말았다. 몸을 좌우로 움직이는 정도가 아니라 응원단의 이 끝에서 저 끝까지를 종횡무진 달려가면서 팔을 있는 대로 휘둘러가며 박수와 구호를 외쳐대고 있었다. 구호는 물론 그 순간 입에서 쏟아져 나오는 대로였고 몸짓도 어디서 본 적도 없건만 나중에 응원이라는 것을 자세히 살펴보니 마치 연습했던 사람처럼 각양각색의 포즈를 취하고 있었던 거다.

그야말로 자연발생적인 것이었으니 가장 원시적인 것이 가장 역동적인 몸짓이었던 모양이다. 기차박수, 폭포박수의 몸짓을 그저 그때그때 정신없이 쏟아내고 응원단은 앞에 나선 친구의 돌출 행동에 감격하며 손뼉을 치고 목이 터져라 구호를 외쳐댔다. 그날 우리는 거뜬히 이겼고 전라북도 대표팀으로 당당히 전국대회에 진출하게 되었다. 승리의 티켓을 거머쥔 것이 마치 우리 응원 덕이라도 되는 양 의기양양해서 기차에 올랐다. 기차를 통째로 빌렸기에 망정이지 다른 승객이 있었으면 집단 하차 당해야 할 정도로 우리의 열기는 200리 상행 길에서도 식지 않았다. 영희를 비롯한 배구 선수들의 빛나는 실력은 채 감상할 겨를도 없었지만 조금도 아쉽지 않았다.

영희는 배구의 강스파이크 실력을 유감없이 발휘하여 남편을 도와 사업을 성공적으로 이끌었다. 우리나라 수출입국의 한 귀퉁이를 채워주는 기염을 토할 정도의 유능한 무역업 경영 일선에서 어이없이 남편을 잃었다. 젊은 아낙은 사업을 힘들게 추스르느라 힘이 들었지만 그때만 해도 우리 현실이 여자 혼자서 사업체를 운영하는 것이 그리 녹록할 때가 아니었다. 사업을 접고 이 일 저 일 해 가면서 아이들을 잘 키워낸 영희는 지금 외국에 나가 사는 자녀들 집에 드나들며 행복한 노후를 보내고 있다.

친구 영희가 세파를 잘 헤쳐 나올 수 있었던 것은 강스파이크의 실력 덕이라기보다 한 팀을 이루어 그 팀워크로 무언가를 만들어 나가는 큰 틀의 힘을 일찍 터득했기 때문이었던 것 같다. 게다가 하면 되는 것이고 도전하고 볼 일이라고 하는 훌륭한 교훈을 체득한 덕이 컸을 것 같다. 일본을 이겨서 환호의 스크럼을 짜고 빙글빙글 돌고 있다. 영희가 보고 싶다. 코로나 좀 잠잠해지면 연락해서 만나야겠다고 다짐하며 우리 선수들을 쳐다본다. 그래 저들에게는 인생을 겁 없이 살 수 있는 여러 가지 보화가 체득되어있어, 저들은 이미 승리자들이야, 하는 생각들이 스쳐 지나가며 축하의 박수를 아낌없이 보낸다. 힘을 실어주는 지도자, 보듬어 안는 지도자, 그것이 부럽고 갈급해서 더 정신없이 손바닥을 두들기고 있는지도 모르겠다. 손바닥이 얼얼해지며 60여 년 전 남원의 어느 배구장 응원석이 그리워진다. 지금 가서 그날처럼 다시 뛰면 정신병원 차가 달려오겠지?

2021. 8. 7.

자꾸 가고 싶은 곳

　사람이 한평생을 살면서 가 보고 싶은 곳을 모두 가 볼 수는 없을 것이다. 아무리 여행가라 한들 구석구석 다 둘러 볼 수는 없을 테니 말이다. 여행가는 아니지만 어지간히 다니기 좋아하는 편이라 여러 곳을 다녀왔다. 여행 좋아하는 일에서만은 타의 추종을 불허할 만큼 의기투합한 부부여서 더욱 잘 다녔다. 아마 그가 먼저 떠나지 않았으면 지금도 꽤나 여기저기 찾아다니련만 운전을 안 하다 보니 발이 묶인 편이다. 재차 방문했을 때 새로운 감흥을 느끼는 곳이 그리 많지 않은데 유난히 갈 때마다 새로운 재미를 갖게 되는 곳도 있다. 여행에 관심이 많은 것은 처녀 적부터였다.
　대학생일 때 서울에 자취방에서 어머니와 단둘이 살았는데 나 때문에 넓은 집 두고 서울살이 하느라 고생하는 어머니에게 많이 미안했다. 그 무렵 신문의 문화면에 주말이면 서울 근교의 관광지 안내가 실리기 시작했다. 시간, 거리, 비용 등에서 조금만 무리하면 다녀올 수 있을 것 같은 곳이 등선폭포와 삼악산이었다. 기억하기로는 삼악산은 등산 안내로 되었고 등선폭포는 일반 관광이었던 것 같다. 아버지가 자가용으로만 모시고 다니던 어머니인데 6·25 때 납북 당하신 후이니 어머니의 처지는 천상에서 땅으로 직하한 후였다.

　다행히 오빠가 나보다 24년이나 위이다 보니 아버지 역할을 해 주어서 우리 모녀는 걱정 없이 살았다. 그러나 대학교수 박봉으로 조카 5남매를 기르기도 벅찬데 동생의 대학 학비까지 댔으니 얼마나 힘겨웠겠는가, 양심상 그냥 공부만 하고 있을 수는 없었다. 엄마 친구 딸 공부를 도와주면서 생활비의 일부를 보태며 지냈다. 그러다 보니 아무리 계산해도 엄마와 내가 주말 관광을 다녀온다는 것은 말이 되지 않았다. 딸의 고민을 눈치 챈 어머니는 선수를 쳤다. 자신은 기운이 약해서 버스에 시달리면서 여행 못 한다, 아버지가 자가용으로 태워 다닐 때도 중간에 여러 번 쉬었다 갔다, 등 등 여행 못 가는 이유를 조모조목 대가며 공부나 하라는 것이었다. 이렇게 주말마다 마음만 등선폭포를 수없이 다녀왔다.

　졸업 후 취직을 하고서는 어머니를 동창들과 국내여행을 여러 번 가시도록 권유해서 어머니 친구들이 어머니 제안으로 여러 번 여행을 다니셨다. 너무 일찍 세상을 버리시는 바람에 외국여행은 못하고 돌아가셨다. 여학교 졸업여행을 중국 봉천으로 다녀오셨으니 그것만도 다행이라고 위안을 삼았다. 유럽여행길에 어머니 사진을 손아귀에 쥐고 새로운 곳에 갈 때마다 사람들 눈을 피해 주먹을 펴서 엄마에게 구경 시켜 드리며 속울음을 삼켰다. 공항에서부터 귀국 때까지 그 행동은 계속되었다. 수차례 그러다가 나중에는 마음으로 엄마를 불러내서 여기가 어디라는 혼잣말로 대화하곤 하며 다녔다.

여전히 경춘 가도를 달려 보는 게 꿈이었다. 기차라도 훌쩍 타고 다녀오면 되련만 웬일인지 항상 춘천은 마음속에만 자리하고 있었다. 피천득의 수필 인연을 읽으면서 함께 춘천 가도를 달리기도 하고, 소양강 댐이 생기면서는 마음이 다녀오기 여러 번이었다. 그러다가 『수필문학』의 등단작가가 되고 얼마 지나지 않아 춘천의 박 작가가 「호수지기」라는 수필로 등단하여 정다운 글벗이 되었다. 가깝지만 멀게만 느껴지는 춘천에서 그는 모임 때마다 빠짐없이 참석하는 열의를 보였고 꾀꼬리 같은 목소리로 저녁 회식 자리를 격조 있게 만들어 줄 때는 얼마나 부러웠는지 모른다. 그의 초청으로 춘천을 다니게 된 지 벌써 40년이 지났다.

소양 댐을 가고 청평사를 가서 고려지를 보고 놀라고 김유정을 만나고 창문만큼밖에 안 되는 하늘을 올려다보며 돌부처라도 된 듯 서 있었던 기억이 아슴푸레하다. 춘천은 갈 때마다 새롭고 처음 온 것 같은 매력을 갖게 하는 묘한 곳이다. 닭발을 먹어보고 닭갈비를 먹으며 그 작은 닭에 이렇게 풍성한 갈비가 있었는데 그동안 수십 마리의 닭을 먹었으면서 그때는 왜 몰랐을까 아무리 생각해도 미스터리라는 생각에 웃음 지었던 기억도 선명한 일 중의 하나다. 메밀전병과 총떡은 강원도 어디에서도 그 맛을 따를 수 없는 일품이 춘천의 것이었다.

종합관광지로서의 야심찬 계획개발로 더욱 다양해진 춘천의 진면목은 외지인인 입장이라 잘 모르니 더 말하기 힘들다. 유인석의 고장을 찾아서는 옷깃을 여미며 늦게 알아 죄송했던 부끄러움이 지금도 얼굴을 붉히게 한다. 춘천은 한두 가지가 아니라 실로 여러 방면의 보물을 품고 있는 매력의 고장이다. 삼악산 케이블카에 박 작가와 단둘이 앉아서 정상을 향해 오르고 있다. 알프스의 어느 골짜기를 오를 때보다 훨씬 아름답다. 정상에서 내려다보이는 춘천시가지가 정겹게 가슴에 안긴다. 장절공 신숭겸의 묘역 또한 춘천임이 떠오르며 그곳만이 명당이 아니라 춘천 전체가 명당이라는 생각이 스치고 지나간다. 박 작가의 너른 품성이 바로 이곳 춘천의 지세 덕인가 보다는 생각이 들어 옆에 앉은 친구가 새삼스레 정답고 귀해 보인다.

올 때마다 춘천의 속살을 보여주고 숨은 맛으로 혀를 즐겁게 해 주는 이 친구의 글맛이 심금을 울리는 이유를 알 것 같은 오후다. 자 이제 이런 친구의 속정을 더 깊이 느끼려면 오래 살아야 하는 것이라는 자각에 약간 당기는 무릎을 곧게 펴며 어깨를 꼿꼿이 곧추세우고 앞을 보며 그야말로 거만하게 걸음을 옮긴다. 정형외과 선생님의 처방을 철저히 지켜서 오래 살아야 이 재미를 더 보며 살 것 아니겠는가? 세계를 다 볼 수는 없을망정 이렇게 매력 있는 춘천을 원하기만 하면 언제라도 불러 줄 글벗이 있으니 이 아니 행복이고 무엇이랴.

2022. 9. 18.

2

세계인의 시각

과감한 문학 지원 정책을 제안한다
- 임인년에 뽑힐 새 대통령에게

　새해가 밝았다. 12달이 지나면 어김없이 찾아오는 새해이건만 사람들은 항상 새해라는 두 글자 앞에서 경건해진다. 올해는 검은 호랑이의 해인 임인년이다. 호랑이라는 동물 앞에서 우리 민족은 이상하게도 양극의 아주 다른 면으로 다가간다. 사람을 해치는 무서운 동물과 해학적으로 어딘지 아주 가깝게 느끼는 호감 같은 것이다. 사람을 잡아먹기에 죽지 않으려고 호환을 경계하며 매우 무서워했다. 반면 호랑이와 곶감이라는 전설이 민속화처럼 우리 곁에 있는 그것이 호감이고 친근감이다.
　2022년 우리가 맞는 임인년은 이 곶감 이야기처럼 호랑이를 우리 국민이 마음껏 데리고 노는 승리의 해가 되기를 먼저 소망한다. 나라의 운명을 좌우할 대통령 선거가 있는 해여서 그렇다. 진정 이 시기에 가장 적임인 대통령을 뽑을 수 있는 행운이 우리 국민의 몫이기를 간절히 기원한다. 지친 우리 국민들이 그런 행운의 주인공이 되어야 한다. 검은 범이 코로나를 통째로 잡아가고 모든 사악한 것들은 곶감에 놀란 호랑이처럼 열 길로 도망치기 바랄 뿐이다.

이 나라에 가장 적임인 대통령이 새 임무를 시작할 때 문화 정책에 전반적인 새바람을 불어넣어 주기를 간절히 바란다. 기존의 기준에서 출발하는 문화정책이 아니라 완전히 새로운 수준에서 앞날을 내다본 혁신적인 문화정책의 재편을 주문한다. 문화는 다른 것을 다 하고 나서 여유가 있을 때 쳐다보는 정책 분야여서는 안 된다. 더 이상 그런 시대는 지났다. 문학은 문인들만을 위해서 있는 것이 아니라 국민의 삶의 질을 좌우하는 매우 중요한 요소임을 정책을 다루는 사람들이 알아야 한다. 특히 대통령의 문학에 대한 이해도는 그 나라의 문인 정책을 어떻게 할 것인지의 가늠자가 된다고 보기 때문에 새 대통령에게 주문하는 것이다.

문인들의 창작 활동을 적극적으로 지원하는 것은 문인들의 생계를 도와주는 복지적인 비용의 지출이 아니다. 온 국민의 정서 함양이라고 하는 큰 틀의 문화행정이라는 차원에서 접근해야 한다는 말이다. 원고료는 없는 것이거나 아주 소액이어도 된다는 기존의 인색함에서 과감하게 벗어나야 한다. 등록 문인들에게 망설임 없이 통 큰 원고료를 지원하고 작가들의 저서를 일정 부수 매입하여 전국 도서관에 비치시켜 국민들의 문학 향수 기회를 대폭적으로 확대해야 한다. 그에 더하여 문학 발전을 위한 여러 가지 사업과 집행하는 사람들에 대한 지원도 아끼지 말아야 한다.

지난해 11월에 본회가 개최한 제7회 세계 한글 작가대회에서 논의되고 적극적으로 대두된 우리 문학 번역의 문제는 이제 그냥 뒤로 미루고 있을 때가 아니다. 해외동포작가들의 하나같은 목소리는 우리 한국문학의 번역이 활성화되어야 한국문학, 한글문학의 발전과 세계화를 이루어 낼 수 있다는데 모아졌다. 이번 대회에서 처음으로 접근한 노벨상에 대한 세계 펜 주요 인사들의 대담은 매우 많은 시사점을 던져주었다. 역시 중요한 부분이 번역문제였다.

정부가 과감한 예산의 투여로 우리 작품의 번역에 과감하게 지원해야 한다. 국제펜한국본부는 고유의 그 일을 위해 발 벗고 나설 것이다. 이미 설립되어 걸음마를 시작한 우리 펜 본부 번역원이 한글문학 작품 번역의 선봉에 서서 명실상부한 문학 번역의 중심이 되어야 한다. 노벨상의 수상을 위한 대장정에 나설 수 있도록 정부가 과감한 지원을 아낌없이 해 주기를 새 대통령에게 요청하는 것은 대한민국의 위상을 높이는 지름길이 이 길이기 때문이다. 그보다도 국민의 삶의 질 향상과 국격을 높이는 일이어서 그렇다. 문학으로 국민의 정서가 순화되면 국민의 생활환경이 순화된다고 생각한다. 문학 향수는 국민의 행복지수를 한껏 높여 주리라고 확신한다.

　이번 신년호는 새해의 소망도 담고 제7회 세계한글작가대회 모든 자료들을 특집으로 엮었다. 코로나19 때문에 6회 대회에 이어 비대면 영상으로 진행된 이번 7회 대회도 역시 세계 145개국, 154개 펜 지부에 실시간으로 방영되었고 국내 참가자들과 일반 시민들에게까지 유튜브로 전송되어 폭발적인 시청률을 기록했다. 역설적으로 코로나 덕에 더 많은 사람에게 세계한글작가대회가 달려가 안김으로써 국민의 문학 향수의 기회도 늘리고 전 세계 국제펜 가족들과 함께 하는 행사가 되었다.

　올 한 해는 그동안 코로나로 침체됐던 문학 행사들이 활기를 되찾게 되기를 기도한다. 우울하고 처져 있던 우리 문인들도 다시 활발하게 창작활동에 임해서 왕성한 성과들을 내기 바란다. 우리 본부는 노벨상을 향한 심도 있는 접근방법을 찾아가는 사업들을 차근차근 해 나갈 것이며 올해 그 첫 사업으로 세미나를 개최할 계획이다. 우리 모두 높이 뛰는 한 해가 되기 바란다. 백수의 왕 호랑이해에 우리도 으뜸이 되는 작품들을 엮어내도록 너욱 힘쓰겠음을 약속하며 펜 회원 모두의 건필을 기원한다.

2021. 새해 벽두에.

흑토끼의 지혜와 당찬 도전으로

 지구는 끊임없이 돌고 시간은 쉬지 않고 흘러간다. 그 위에 사람들이 줄을 긋고 점을 찍으며 해를 정하고 날을 정하며 살아왔다. 물론 자연 이치에 따라 긋고 자르고 점찍고 하였지만 어찌보면 그 구분이 하릴없는 일이기도 하다. 하지만 그런 구분이 없으면 우리들의 삶이 방향을 잃고 마냥 표류했을지도 모른다. 그런 생각을 새삼스레 하게 되는 때가 바로 새해를 맞을 때이다. 지난 한 해를 돌아보고 오는 한 해를 더 잘 보내기 위해 매듭지을 것은 짓고 새 그릇에 담을 것은 신중하게 엄선해서 한 해를 마무리할 때 실수는 되풀이하지 않으려고 새로운 방책을 세우기 마련이다.
 심기일전한다는 새해도 어느새 또 속도를 내서 달려가고 있다. 사람은 만물의 영장이라지만 알다가도 모를 정도로 답답할 때가 있다. 새로운 그릇에 담는다고 담았는데 전혀 새롭지 못해서 그해가 다 가게 되었을 때 또 지난해와 똑같은 다짐을 푸념처럼 읊으면서 또 새 그릇을 마련하는 경우가 생각보다 많아서 하는 생각이다.

올해는 토끼의 해이다. 그것도 흑토끼의 해라고 한다. 오행 음양에 기인한 것이니 그 이치를 여기서 다 설명할 수는 없다. 다만 흑색은 북쪽을 상징하며 지혜를 관장한다고 생각해 온 색이다. 토끼 또한 꾀가 많기로 으뜸이어서 별주부전을 탄생시킨 영험한 동물 아니던가? 흑도 지혜요, 토끼도 지혜의 상징이라면 올 한 해는 지혜가 넘쳐나는 한 해를 상징한다고 보아도 과히 틀리지 않을 것 같다.

인간들이 만든 여러 풍습과 전통, 관념 등은 과학적 근거가 없다고 해서 미신에 가까운 일로 치부해서 옆에 밀어놓을 수도 있겠으나 그렇지만은 않다고 생각한다. 이왕이면 한 해라고 획을 그은 마당에야 그 기간 동안에 값진 일을 많이 이루어내는 데만 정신을 쏟으면 좋을 것 같다. 흑색의 지혜와 토끼의 꾀를 곰곰이 생각해 가며 우리도 그 좋은 기운들을 우리 것으로 활용하면 좋겠다. 게다가 토끼는 큰 귀를 가졌다. 이 큰 귀로 우리가 올 한 해에는 많은 것을 열심히 듣자. 많이 들은 후에 펜을 들어 쓰자.

토끼는 유난히 힘센 뒷발을 가졌다. 어떤 난관도 극복할 수 있다는 상징성을 가진 토끼의 뒷다리를 염두에 두고 우리가 바로 그 뒷다리의 역할을 하는 해로 삼아 보면 어떨는지. 어려운 난관도 겁내지 말고 뛰어넘어보는 도전의 한 해로 삼아보자. 국제PEN이 100년을 넘었고 우리가 내년이면 70살이 된다. 새로운 70년을 기획하고 지난 70년을 정리하는 고희 잔치를 준비해야 하는 해이다. 그동안 침체해 있던 번역의 문제를 수면 위로 끌어 올려는 놓았으니 이제 거친 물살을 헤치고 나가 희망의 포구에 닻을 내리는 청사진을 펼쳐 보여야 하고 그 항해는 도도히 이어져야 한다.

토끼는 우리 선인들에게 양면으로 크게 다가왔다. 별주부전의 지혜로운 토끼와 달리기 경주에서 낮잠을 자다가 거북이에게 추월당하는 패자의 몰골이다. 꾀는 잘 쓰였을 때 빛을 발하지만 상대를 얕보고 교만에 빠지면 망조가 들 수밖에 없음을 극명하게 보여주는 이야기이다. 우리는 올 한 해 별주부전의 토끼를 닮아 많은 것을 이루어내는 한 해가 되도록 젖 먹던 힘까지 다 쏟아내 보자.

비단 문단 만의 일도 아니고 문인 각자 한 사람 한 사람의 개인사만이 아니다. 나라의 운명도 마찬가지다. 나라는 드디어 엄청난 저성장을 공식적으로 국민 앞에 예상치로 밝히는 뼈아픈 수모를 자임하고 나섰다. 솔직하게 위기를 알리고 함께 헤쳐나가자는 절규다. 간을 빼놓고 왔노라는 지혜로운 한 마디로 죽음의 길에서 벗어난 별주부전의 토끼가 바로 우리 한민족의 모습이기도 했다면 과언일까? 아니다. 그런 기지와 배짱으로 우리는 수없이 많은 위기를 넘고 극복해 오늘에 이르렀다. 우리는 해낼 수 있다.

글을 쓴다는 것, 그것도 PEN 회원으로서 어떤 문학적 성취를 이룰 것인가, 우리의 특권인 문학의 힘으로 어떻게 나라를 구할 것인가 하는 큰 화두를 던진다. 문학이 사회를 바르게 하고 맑게 하는 소명이 없다면 그 존재가치는 반감이다. 특히 PEN은 그중에서도 그럴 권리를 보장받기 위해 투쟁을 선언하고 출발한 단체임을 명심해야 한다. 우리는 바른 일, 공의를 위해 우리의 펜 끝을 날카롭게 갈아야 한다. 그리고 거기에 토끼의 지혜와 뒷다리의 힘을 기억하자.

이런 우리의 사명 위에 나라는 아낌없는 지원으로 글쓰기를 도와야 한다. 번역의 엄청난 작업을 우리 혼자 힘으로는 해결하기 어렵다. 한국문학을 세계로 내보내는 것은 이제 국가의 책무이다. 우리는 올해 그런 나라를 위해 2024년의 우리 고희잔치를 준비한다. 혼신의 힘을 모아 여러 사업을 진행해 나갈 것이다. 1954년 전쟁의 폐허 위에 국제PEN한국본부를 창설한 선배 문인들의 예지와 도전정신에 고개 숙여 경의를 표한다. 우리에게는 별주부전의 토끼만 있지 경주에서 낮잠 자는 넋 빠진 토끼는 없다.

2022. 12. 22.

눈길 끄는 기획연재

　요즘 문학지를 읽으면서 잡지를 만나기가 참 힘들다는 생각을 할 때가 많다. 이름은 잡지인데 문학 작품들만 모아서 한데 엮어놓는 경우가 많아 마치 동인지를 읽는 것과 별로 다르지 않은 밋밋한 기분을 갖게 되어서이다. 월간 『수필문학』을 받아들고 책장을 넘기면서 입가에 미소가 번진다. 드물게 만나볼 수 있는 잡지여서 기분이 매우 좋다.
　수필 이론을 싣는 고정란이 있고 여러 가지 기획연재가 눈길을 끌어서이다. 기획연재는 책의 앞부분과 뒷부분에 배치했는데 그 구성도 세심하다는 느낌을 받았다. 앞부분의 기획연재는 이규식 교수의 프랑스 인문기행이다.
　프랑스 하면 말만 들어도 공연히 가슴이 뛰기 시작하는 사람이 많을 정도로 매력 있는 나라 아니던가? 그런 프랑스를 지상을 통해 함께 여행해 본다? 그것도 인문기행이라니. 귀가 솔깃

해질 수밖에 없는 일이다. 첫 줄을 읽기 시작하자 눈길이 바빠진다. 프랑스의 국민성을 말하는 대목부터 이야기가 심상치 않다. 영국, 독일, 프랑스 3국민의 민족성을 대표하는 말들을 유머에 섞어 소개함으로써 진지한 문제를 가볍게 건드리며 실제로 프랑스 사람들의 의식의 일면을 쉽게 이해하도록 쓰고 있는 표현력에 감탄한다.

여유는 대화를 낳는다. 혼자서는 책을 읽고 둘만 모이면 어디서건 이야기를 나눈다. 셋 이상은 토론을 한다고 했던가, 정치 경제로부터 자기 집 커튼과 강아지 사료에 이르기까지 우리가 보기에는 썰렁한 화제임에도 그들은 진지하게 웃고 들으며 공감을 표하기도 하고 때론 한 치 양보도 없는 논쟁으로 치닫는다.
실로 격렬한 논전의 와중에도 상대방 발언을 최대한 존중하는 여유를 잃지 않는다. 남의 말을 가로막는다든가 의견 차이를 인격에 대한 도전과 모욕으로 여기는 치졸함을 찾기 어렵다. 많이 나아졌다고는 하지만 우리나라 TV토론 프로그램에서 이른바 사회 지도층 인사들이 벌이는 감정적 입씨름이나 유치한 흥분도 결국 대화훈련 미흡과 여유 부족에서 비롯된 듯싶다. 그동안 우리들이 빈곤에서 벗어나기 위하여 한순간이라도 더 일하는 동안 잊었던 '여유'의 실체와 구체적인 방법론을 프랑스인들의 일상에서 수월하게 찾아볼 수 있다.

윗글에서 보듯이 작가는 아주 여유롭게 마치 프랑스인처럼 스스럼없이 두 나라 국민의 단면을 실감나게 비교하며 그 판단은 독자에게 맡기고 있다. 관념적으로 자신의 해박한 해석을 돋보이게 하려는 양 하는 식의 접근이 아니라 사소한 실례들을 들어가면서 프랑스인들을 알아가며 이해할 수 있게 써 나가는 그의 수필은 영양가 높으면서도 맛깔스럽기까지 한 훌륭한 요리 접시 같기도 하다.

프랑스 국토를 시계방향으로 일주하며 지역의 개성 있는 문물과 삶, 독특한 문화와 예술, 역사의 현장을 돌아보는 연재를 이어갈 것이라는 작가의 말대로 우리는 모처럼의 행운열차에 잘 앉아 있기만 하면 될 것 같다.

서양의 프랑스를 논하면서 편집자는 동양의 우리 고전을 잊지 않았다. 박지원의 열하일기를 고전 문학가 이재명 교수가 쉽게 풀어주며 독자의 등을 다독거리고 있다. 하룻밤에 강을 아홉 번 건너는 열하로의 힘든 여행길을 힘들다는 것이 아니라 모든 것을 하늘에 맡기고 자유로운 마음으로 즐기며 가는 연암의 마음을 잔잔히 전해 주는 미혹으로 작가는 연재의 문을 열고 있다.

역시 연암이 전하고 싶었던 바는 강물을 건너는 것이 전부는 아니었다. 인생을 살아가는 것은 강물을 건너는 것보다 훨씬 위험하고, 눈으로 보고 귀로 듣는 것이 수시로 병폐가 되므로 외물에 현혹되지 않고 마음을 다스려야 함을 그의 여정을 통해 피력하고 있는 것이다.

실학자인 연암이 독자에게 전하고 싶었던 교훈을 현대인의 시각에서 해석하며 고전을 함께 읽어주는 안내가 되어주고 있다.

다른 나라만이 아니라 우리나라 안의 이야기도 기획물로 다루었다. 그중의 간이역 이야기는 참 인상적이다. 수필가이면서 사진작가인 양호인이 전국의 간이역, 그중에서도 폐역을 우선적으로 일주하고 있는데 이번에는 강원도 정선의 별어곡역을 찾았다. 작가는 눈물의 골짜기라는 제목으로 아린 심사를 그려내고 있다.

한때는 많은 사람들의 발이 되어주기도 하고 많은 사랑을 받으며 발길이 끊이지 않았지만 폐역이 되고부터는 서러움의 덩어리 같아 보이는 게 폐역들의 운명이다. 작가는 이런 폐역의 자취가 없어지기 전에 이곳들을 돌아보며 흔적을 기록하고 거기서 삶의 진수를 찾고자 한다.

사랑하는 이를 떠나보내는 눈물의 골짜기란 뜻을 지닌 역이다. 구슬픈 정선 아리랑 곡조와 흩날리는 억새의 어울림을 노래하는 듯 산허리에 살며시 놓여있다. '이별하는 골짜기'라는 소설이 만들어진 무대가 된 곳이기도 하다. (중략)
눈물의 골짜기 별어곡역을 잘 나타내는 소설이기를 기대하며, 철로에 서서 먼 산을 바라보았다. 구름을 두른 산허리가 말을 건다. 구름이 매무새를 가꾸어 내 앞으로 달려온다. '눈물 따윈 잊으리라' 말하는 듯하다.

사진을 곁들인 양호인의 폐역, 간이역은 역사적 자료를 근거로 한 과거 현재의 이야기뿐 아니라 미래를 향한 희망의 메시지를 잃지 않아 더 의미 있고 가슴 뭉클하게 한다.

모두 수필의 글감으로 다루어질 내용들이지만 짜임새 있는 구성으로 기획연재를 마련하니 잡지의 위상이 우뚝하여 박수를 보내고 싶다.

2022. 8. 16.

문학사랑으로 지도하시던 어른 경암

　사람의 인연이라는 것은 참 알다가도 모를 일이다. 경암 선생님처럼 다방면으로 훌륭하신 어른을 평범한 주부였던 내가 어떻게 만나 뵐 수 있었을까? 문학이라는 숲에 발을 들여놓지 않았으면 어림없는 일이다.

　1974년 5월 17일 경복궁에서 열린 신사임당 예능대회에 구경 갔다가 친구의 권유로 마감시간 직전에 급히 써낸 글이 말석에 뽑혔다. 생각하지 못한 횡재에 어리둥절하고 겁도 났다. 초등학교 때 문예반에서 동시 좀 써 보았던 게 경력의 전부이니 짧은 실력이 들통날까 두려웠다.

　당시 그 행사를 주최했던 (사)대한주부클럽연합회(현재 한국여성소비자연합으로 개칭)는 백일장 당선자들을 흩어버리지 않고 한데 모아 클럽을 만들고 매년 이어진 행사에서 배출되는 알곡들을 계속 모아서 시문회로 조직해서 작은 문인회를 이어갔다.

우리나라 최초의 백일장에서 당선된 우리들은 자긍심을 갖고 모여서 공부했다. 겸손하게 여기저기 줄을 대서 선생님들을 모시기에 힘쓰며 월례회로 모이고 또 틈나는 대로 모여서 글공부를 이어갔다. 그때 누가 모셔왔는지는 기억할 수 없지만 경암 선생님을 모셔오게 되었고 그날의 만남은 충격이었다.

이미 문단의 중진이시며 여러 가지 일로 바쁘기 그지없으신 어른이 그 후로 계속 우리들을 지도해 주시는데 놀라지 않을 수 없었다. 때로는 칭찬하고 격려하는가 하면 다시는 글을 쓸 수 없을 정도로 면박도 주시면서 정성껏 지도해 주셨다. 경암 선생님은 지금의 문예반 교수처럼 지속적인 지도를 하신 것은 아니었지만 우리 새내기들에게 문학이 무엇인지, 어떻게 임해야 하는지 등의 기본 철학의 면에서 추상같이 말씀하시곤 했다.

방배동에 한의원을 열고 계시는 현직 의사선생님이 그 금쪽같은 시간을 내 주신다는 것은 문학이라는 일에 열정이 없이는 불가능한 일이었다.

경암 선생님의 의학적 활동이 많아지면서 방송은 경암 선생님을 그냥 편히 놔두지 않았다. 국민의 건강 지킴이와 의학 상식의 전파자로서 경암 선생님의 인기는 날로 하늘을 찌를 듯했다. 그렇게 계속 선생님의 지도를 받는 동안 아마 경암 선생님은 나를 별로 기억하지 못하셨을 것이라고 생각된다. 내가 감히 선생님 앞에 존재감을 드러낼 수 있는 일이 없어서이다.

그러는 사이 내가 한국여성단체협의회 사무처장이 되면서 막중한 책임 때문에 문학 수업을 잠시 접을 수밖에 없이 되었고 주부클럽에도 잘 출석할 수 없이 되었다. 여성운동 중심의 단체에서 실무 책임자의 직분을 다 하는 동안 문학 작품은 단 한 편도 쓸 새가 없었다.

자리를 물러나고 대학 강단에 서면서 글을 다시 쓰기 시작해서 뒤늦게서야 수필로 등단을 하고 본격적인 글쓰기에 들어갔다. 경암 선생님께서는 부족한 나의 글을 격려해 주시고 기운을 북돋아 주셨다. 감사해서 방배동에 가고 갈급해서 한의원 문을 염치없이 밀고 들어선 것이 한두 번이 아니다.

경암 선생님은 이렇게 우리 시문회의 초기 기초를 단단하게 잡아주신 어른이시다. 우리 시문회원들이 그 후로 경암 선생님의 크고 작은 행사에 되도록 참여하고 따라 다니면서 계속 성장했다. 이어 '한국문인'을 창간하셔서 수필뿐 아니라 전체 문단을 아우르는 큰 문학활동을 펴심에 따라 우리들도 그 그늘에서 지면을 할애 받아가며 성장했다.

경암 선생님은 우리에게 만년 청년이시다. 지금도 변함이 없나. 생각이 젊으시니 그런 것이다. 이제 승평에 경암 문학관을 지으시고 온통 사재를 바쳐 소월 선생까지를 아울러 문학의 큰 집을 만드셨다.

나무는 큰 나무 덕을 못 보지만 사람은 큰사람의 덕을 본다는 옛말도 있고 수양산 그늘이 강동 80리라는 고사도 있다. 경암 선생님은 그런 분이시고 그런 인연으로 오늘에 이르고 있다. 경암 선생님은 솔직하셔서 틀린 것을 보면 즉각 틀렸다고 면박을 주시기도 하지만 옳은 길을 가시기에 수많은 제자들이 그 곁을 지키고 있다고 생각한다. 나 같은 사람이야 제자 반열에 들 주제도 못 되지만 경암 선생님을 반세기 가까이 짝사랑으로 흠모하며 지내오고 있는 면발치의 문객이라 할 수 있다.

  노후의 경암 선생님이 지치지 않으시고 문학사랑의 열정을 잘 태우고 계심에 무한 감사하면서도 세배조차 혼자 멀리서 드리는 그런 못난 후배이다. 경암 선생님의 인품에 혹여 누가 되는 표현이나 없었을까 근심이 되면서도 기쁘게 이 글을 쓴다. 제발 건강 잘 지키셔서 오래오래 우리 문단을 굳건히 지켜 주시기만 바랄 뿐이다.

2022. 6. 20.

전국의 수필 친구 잠깐이라도

오랜만의 지방 나들이다. 코로나19 때문에 집콕도 아닌 방콕의 시대에 언감생심 여행을 한다는 것이 해괴하다는 생각이 들었던 1년이었다. 제21회 수필의 날 전주대회가 열리니 아니가고 배길 재주가 없어서 길을 나섰다. 6·25전쟁 중에 1.4 후퇴로 서울을 떠나 외가인 전주로 내려가 10년을 지내고 떠났으니 그곳에서 대회를 한다는데 서울에 앉아 있을 수는 없었다. 초등학교 3학년부터 여학교 졸업 때까지 꼭 10년을 살았지만 마음은 서울 집을 맴돌았고 서울 갈 날만 기다리며 북쪽을 향해 목을 빼고 산 세월이었다. 오늘 행사 장소가 바로 내가 다니던 전주여자고등학교 바로 그 자리라니 더 기가 막힐 일이다. 세상에 학교 자리에 호텔을 세우다니 이런 말도 안 되는 만행(?)이 어디 있느냐고 거품을 물던 게 엊그제 같은데 이제 그 기운도 빠진 지 오래다.

2시간 반쯤 후에 전주에 들어섰다. 서울 친구에게 맛있는 비빔밥을 대접하겠다고 벼르고 찾아간 ㅎ관에서 이 맛이 아니야를 되뇌며 일행에게 미안하다, 맛있는 집을 조사까지 해 갖고 왔는데 아무래도 잘못 짚은 것 같다고 사과했다. 이 맛이 아닌데,라고 중얼거리는 내게 일행은 맛있었다, 당신 입맛이 변한 것이라고 위로해 주었다. 아무려나 개운치 않은 뒷맛을 남기고 행사장으로 향했다. 모처럼 고향의 글벗들께 선물하겠다고 싸들고 온 책에 서명을 하여 나누느라 인사도 제대로 못하고 허둥지둥 행사장에 들어갔다.
　열심히 준비한 전주, 전북 회원들의 노고가 느껴지는 시간이었다. 올해의 수필인상과 윤재천문학상이 수여되고 심포지엄을 끝냈다. 비대면 원칙으로 극소수에 제한했다지만 전국에서 모인 수필가들의 잔치인데 행사 시작 전 시간을 놓쳤으니 만나서 회포를 풀 사이도 없다. 내일 강의가 있어 오늘밤에 올라가야 하니 저녁 식사 시작 전에 자리를 떠야 한다. 회원들의 행사 참석 사진을 찍으면서 한 바퀴 돌 때 눈인사가 고작이었다.
　다행히 심포지엄이 일찍 끝나서 차려놓은 뷔페상의 한 귀퉁이의 생선 몇 조각 입에다 욱여넣고 물도 못 마신 채 행사장을 빠져나왔다. 인사도 제대로 못했음은 말할 것도 없다. 택시를 불러 놓고 문 앞에 기다리다 한 택시에서 손님이 내리기에 얼른 타고 앉아 예약 택시에 전화를 걸어 미안하다 백배사죄하며 호텔을 빠져나왔다. 전주역에 도착하니 기차 출발 30분 전이다. 요즘 세대 사람들은 기가 막혀 할 일이다. 이렇게 시간이 넉넉한데 웬 안달을 그렇게 부렸냐고 말이다.

　KTX에 올라타고 눈을 감는다. 엄마에게 태극호를 못 태워드리고 떠나시게 해서 얼마나 가슴 아파했던 급행열차던가. 대학시절 방학 때 내려와 오빠 집에서 보내다가 서울로 돌아갈 때 그 시절 제일 빨랐던 태극호는 내게 그림의 떡이었다. 대학교수 박봉으로 누이동생의 대학등록금을 대주는 오빠에게 급행표 값까지 부담시킬 수는 없는 일이어서이다. 친구들은 태극호를 타고 가면서 같이 가지고 했지만 항상 일이 있어 그때 같이 못 간다는 것이 일관된 대답이었다. 오죽하면 뭐가 그리 잘났는지 우리와 함께 안 가고 꼭 따로 간다 하더라며 오해를 하기도 했지만 변명할 수 없었다. 졸업해서 취직하면 엄마를 태극호로 모시겠노라 다짐했는데 딸의 박봉이 가엾은 어머니는 무슨 핑계를 대서라도 준급행인 백마호 정도로 만족하셨다. 그리고 훌훌 일찍 떠나버렸다. 내 주머니가 급행기차 값 낼 만큼 되기 전에 말이다. 엄마의 그런 정성과 기원으로 오늘의 나는 별생각 없이 초급행열차에 몸을 싣고 있는 것이다. 완행을 타고 10시간씩 걸려 내려가던 고향길이 그립다. 그렇게 단 한 번만이라도 엄마와 함께 이 철로 위를 달려볼 수 있다면 얼마나 좋을까? 생각만으로도 감사하다고 마음을 비워야 한다. 어차피 이룰 수 없는 일이니까.

　바쁘게 밀려가느라 오늘의 행사장이 모교인데 그 시절로 돌아가는 마음의 호사도 못해 보고 떠나온 것이 이제야 생각이 난다. 도대체 무엇 하며 사는 아낙이기에 이리도 분주하게 사는지 알다가도 모를 일이다. 일이 없어 시간 죽이느라 힘들다는 친구들을 생각하며 또 한 번 감사드린다. 팔순에 이렇게 메뚜기 뛰듯 할 수 있는 건강을 허락하신 하나님께 진심으로 감사드린다. 오늘 행사를 잘 이끌고 간 권남희 회장에게 고마운 마음을 전한다. 대견하고 매끄럽게 끌고 가는 진행이 돋보이는 행사였다. 같은 교정을 앞서거니 뒤서거니 드나들었다는 인연 때문만은 아니다. 노련하게 진행하는 리더십이 마음에 든다. 전국의 수필 동지들께 이 자리를 빌려 끝까지 함께 하지 못한 점 깊이 사과드리고 전북회원들께 머리 숙여 감사드린다.

2021. 5. 1.

파격적인 문학 지원을 위한 밑그림

　인생이 짧다고도 하고 길다고도 한다. 평균수명이 늘고 100세 시대가 눈앞에 온 듯하지만 아직도 우리는 하루가 아깝다. 돌아보면 아무것도 이루어 놓은 것이 없는 것 같기도 하고 나 혼자만 허송세월한 것 같기도 해서 침울해 질 때가 있다. 특히 11월에 접어들면 그 정도가 심해지다가 12월이 되고 나면 정신을 잃을 정도로 자신에게 쫓겨서 헤어나오기 힘든 나날을 보내기 일쑤다.
　누군가는 11월을 걸걸 달이라고 했다. 그럴걸, 저럴걸, 잘할걸, 등등 회한으로 점철된 회고로 괴로운 시간을 보내기도 한다. 올해는 더구나 코로나19라고 하는 불청객에게 우리들의 일상 모두를 빼앗겨 버려서 더욱 허탈한 섣달이다. 우리 문단도 외부 활동이 거의 멈춰서다시피 위축된 한 해였다. 하지만 비대면 활동으로 지혜롭게 이끌어 갔고 사회적 거리두기로 집콕을 하면서 문인들의 특권(?)은 빛을 발했다. 우리는 들어앉을수록 좋은 작품을 빚어내는 마술사들이었다. 깊이 내면을 살펴보면 알찬 결실을 거두는 역설적 한 해였다고 힐 수도 있다.

우선 우리 국제펜한국본부는 6회째 맞이하는 세계 한글작가대회를 비대면 영상이라는 새로운 방법으로 성공리에 치렀다. 정부의 방역 지침에 따라 영상으로 대회를 기획하고 10월 20일부터 22일까지 사흘 동안 서울의 프레지던트 호텔에서 31층의 행사장 모두를 통째로 쓰면서 발표자 중심으로 극소수만 현장에는 나와 있고 그 진행 현황은 전파를 타고 145개국 154개 펜 지부에 실시간으로 날아갔다. 국내에서 유튜브 등으로 참여할 수 있어 회원 이외의 온 국민에게 우리 한글의 우수성과 문학의 진면목을 소개하는 좋은 계기가 되었다.

그동안 경주의 화백센터에서 천여 명의 참가자를 대상으로 펼쳤던 문학향연이 오대양 육대주로 범위를 넓힌 것이다. 이는 우리나라의 앞서가는 IT 기술의 덕이었음은 말할 것도 없다. 몇 번씩 계획을 변경하고 확진자 수의 증감에 일희일비하면서 손에 땀을 쥐게 하는 숨 막히는 시간을 보냈다. 준비할 때는 걱정이 많았는데 마치고 보니 오히려 우리 세계 한글작가대회가 오롯이 전 세계펜의 안방까지 찾아간 것은 오히려 대단한 성과였다고 생각되어 한글문학 세계로가 구호만이 아닌 현실이 된 기분이다.

이런 여세를 몰아 우리 한국펜은 번역원을 활성화 하고 한국펜 작가들의 작품을 지속적으로 번역하여 세계로 실어 나르는 일을 멈추지 말아야겠다. 번역원은 정정호 원장의 노고로 진용이 정비되어 9개 국어의 번역작가가 회원들의 작품 번역의뢰를 기다리고 있다. 우선 시범적으로 손해일 이사장의 시집이 번역 출간되었고 계속해서 번역 출판이 이어지고 있다. 본회 고문인 김양식 시인의 성금 쾌척으로 씨앗을 틔우고 있다.

우리 자신의 힘으로 기반을 쌓아 정부의 문학작품 번역 지원을 얻어내는 것이 중요한 일이라 생각한다. 문화 한국을 앞당기고 노벨문학상 전무의 아픔에서 벗어나려면 우수한 번역작품이 나와야 한다. 문화가 국가 위상과 국민생활에 미치는 영향을 생각할 때, 세계화 시대에 한국문학 세계화을 위해서는 이러한 번역사업에 정부의 적극적인 예산 지원이 필수적이라고 생각한다. 문학번역의 메카가 될 우리 번역원이 활성화되는 일에 주춧돌을 놓았으니 이제 대들보, 서까래 등을 잘 다듬고 골라서 훌륭한 집이 우뚝 서게 해야 한다.

정부는 문학작품 번역지원금을 마련하고 작가들의 번역을 돕는 실제적 비용을 직접 지원하는 특단의 조치를 해야 한다. 그러기 위해서 우리는 번역원을 잘 키워나가야 한다. 번역원의 활성화는 우리 한국문학이 세계 속으로 활발히 나가는 일의 견인차가 됨과 동시에 둘의 관계는 정비례의 양상을 띨 것이라 생각한다.

코로나19 때문에 일상이 모두 바뀌어 버린 세태에 맞는, 우울증에 빠질 정도의 국민들의 심성을 더 이상 메마르지 않게 어루만질 수 있는 것은 문학이 그 해답이다. 우리 작가들은 자신의 성취만을 위해서 글을 쓰는 것이 아니라 바로 사회의 한 줄기 빛, 위로자라는 사명감으로 열심히 작품을 써 나갈 것이다. 문학치유의 여러 설명을 구구하게 더 할 필요도 없다.

사회의 구도자, 병든 마음의 치유자임을 가슴에 새기는 우리 국제펜한국본부 회원들은 우리나라와 사회의 발전과 더 나은 미래를 위해 목청껏 노래하고 주장을 펴 나갈 것이다. 올 한 해도 그 역할을 성실하게 이행하신 많은 회원께 감사의 인사를 드린다. 그동안 문학지원에 열의를 갖고 대해 준 정부 당국자께도 고마운 인사를 전하면서 파격적인 수준의 문학 지원이 예산으로 반영되고 그 규모는 가히 제로 베이스에서 새롭게 출발하는 대폭적 지원이 되어야 함을 강조하는 바이다. 그런 밑그림이 그려지는 2020년 섣달이 되었으면 좋겠다.

우리의 섣달은 걸걸 달이 아니라 희망을 계획하는 긍정의 달이어야 한다. 100세 시대라 해도 오늘 하루가 중요하고 귀하다.

2020. 11. 23.

세계인의 시각

 몇 년 전 국제펜 대회의 주제가 토속어로 말하기였다. 영어와 몇 나라 언어로만 집중되어 왔던 국제무대에서의 문학작품 주요 언어라는 생각에서 벗어나 자기들의 말로 표현할 수 있는 자유에 대한 평등을 제기했다.
 기생충을 수상작으로 택한 아카데미상을 보면서 두 가지 일의 공통논리를 발견하고 기뻤다. 서양인들, 좁게는 미국인들의 시각에서 그들 문화 중심으로 평가하던 영화에 대한 관점을 세계인이라는 큰 틀로 과감하게 바꾸었다는 것은 바로 각 나라와 민족들이 갖고 있는 그들 특유의 정서와 문화 전통들을 공평하게 바라보아 줌으로써 그 안에서 그려내고자 하는 예술성의 본질을 파악해 내고자 하는 노력이 둘의 공통점으로 느껴져서 괜히 입이 헤벌어졌다.
 이제 비로소 아카데미상이 미국 영화, 아니 서양 영화 중 우수작을 뽑는 상이 아니라 전 세계의 우수 영화를 뽑는 명실상부한 세계적 영화 축제로 자리매김하는 재탄생의 자리라고 생각되어 뜨거운 박수를 보낸다. 우리 정서에 맞는 우리 사고방식과 생활을 깊이 있게 표현한 것에 대한 진솔한 평가가 위 작품에 상을 안겨주었다는 생각에 가슴이 뜨거워졌다.

이제 우리가 세계인의 시각을 가져야 할 때가 아닌가 싶다. 세계화가 논의되었을 때 가장 한국적인 것이 가장 세계적인 자산이 될 수 있으리라는 논의가 주효한 것이었다. 이제 우리는 「오징어게임」이라는 영화가 세계를 강타하면서 여타 다른 영화제에서 우리 영화가 수상작으로 선정되는 영예를 안았다. 우리가 할 일은 무엇일까? 바로 우리 자신의 안목을 세계적인 시각, 세계인의 잣대로 보아야 한다는 점에 주목해야 한다. 세계인들을 향해서는 세계인의 시각을 주문하면서 정작 우리 자신은 우물 안 개구리처럼 편협한 생각의 좁은 틀에 갇혀 있어서는 안 된다.

우리 것만이 옳고, 내 생각이 기준이고 다른 민족이나 나라들에 대한 지극히 배타적인 우리의 속성을 벗어 던지지 못하면 세계인들의 경쟁 마당에서 진정한 승리자가 될 수 없을 뿐만 아니라 그들 틈에 끼어 함께 앞으로 나아갈 수 없게 된다. 그 종점은 자연 도태라는 불행에 직면하게 되는 것이다. K팝을 비롯한 한류가 세계를 휩쓸고 있다고 기뻐하며 넋을 잃고 있을 때가 아니라 우리의 어떤 점이 세계인과 통했는지를 꼼꼼하게 살펴보고 우리는 그 세계인들을 어떻게 열린 세계인의 시각으로 바라보고 대할 것인가를 심각하게 고민할 때이다.

 나와 다르다는 사실 하나만으로 등을 돌리기보다는 그가 나와 무엇이 다른가를 잘 관찰해보고 그 다름에서 그 나름대로의 가치를 찾아내고 발굴하는 적극성 없이는 급변하는 지구촌 시대를 살아가기 힘들다. 아 우리가 드디어 주변인에서 벗어났다. 대단한 일이다.

2022. 8. 10.

올해 6월은 희망으로 노래하자

언제나 6월이면 우리는 6·25를 떠올리며 나라를 위해 몸 바치신 선열들과 호국영령들께 머리 숙이게 된다. 그분들이 안 계셨다면 나라도 없고 자유도 민주도 구가할 수 없었기에 몸을 떨며 기억하려 애쓴다. 이제 우리도 그 어른들께 눈물 대신 웃음을 드리고 희망의 노래를 들려드리자.

새로운 대통령이 선서한 지 한 달도 안 되니 그의 임기 동안 나라가 융성할 것을 믿으며 힘차게 응원하는 것으로 6월을 시작하자. 모란이 피고 녹음이 방창해지는 이 좋은 6월을 이제 눈물은 뒤로하고 힘찬 걸음을 내딛는 것이 그 어른들의 목숨값을 제대로 대접하는 첩경임을 깨달을 때가 되지 않았나?

하늘의 섭리가 이 나라 통일을 앞당기게 해 주시라 기도하고 평화로운 이 강산이 하나로 툭 트여서 자유를 노래하며 평화를 만끽하는 행복한 7천만이 되는 날이 코앞에 왔음을 미리 축하

하면 어떨지 모르겠다.

　우리는 희망의 6월호에 수필문학상, 소운문학상, 그리고 새로운 문단의 총아들을 환영하는 수필작가대회의 모임 소식을 특집으로 엮었다. 수필이 문단의 한 축을 떠받치는 요즘, 제대로 쓴 수필 한 편이 세상을 밝히는 기적을 만들어 내야 한다. 수필 뿐 아니라 문학이 세상의 희망이 되어야 함을 작품으로 알려야 한다.

　나라의 정책이야 온갖 것을 다 돌봐야 하고 국가 예산이라는 것이 쓸 곳이 한둘이랴마는 문학에 돈 쓰는 것 아까워하지 않는 새로운 변화가 일어나야 나라가 융성할 수 있음을 다시 한 번 외친다. 글이 밥 먹여 주느냐면 그렇다고 대답하겠다. 이미 도도한 물결로 다가온 4차혁명시대의 화두는 과학기술만이 아니다. 끝을 모르고 치닫는 과학 만능의 단점을 보완하는 길은 오직 인간의 본성 회복이다. 그 첩경을 문학에서 찾아야 한다.

　다행히 새 정부의 첫 문화관광부 장관이 언론계의 원로여서 마음이 놓인다. 폭넓은 식견으로 문화의 중요성이나 특히 문학의 발전이 어째서 나라의 운명을 좌우하는지 설명하지 않아도 그분이 더 잘 알고 있으리라는 믿음 때문에 외람되지만 문화의 수장되심에 쌍수로 환영하는 바이다. 문화 융성은 나라를 나라답게 하는 지름길이고 문화융성의 버팀목은 문학의 발전이고 제대로의 역할이 그 첩경이다.

잊히는 6·25도 치열하게 쓰고 72년이 지난 오늘 그 상처를 어떻게 딛고 서서 세계 10위권 국가로 성장했는지 자랑도 우아하게 쓰자. 이제 울타리를 벗어나 세계로 우주로 어떻게 발돋움하고 있는지 낱낱이 알리는 보고서도 문학의 정수를 빌어 쓰자. 우리는 어째서 희망을 노래할 수밖에 없는지 교만하지 않게 겸손한 필치로 오늘을 즐기고 희망을 함께 나누자. 자신감을 길어 올릴 우물을 파자. 깊은 샘에서 맑은 물이 철철 흘러 강산을 적실 때 우리는 풍성한 열매를 거두게 될 것이다.

문인들이 마음 놓고 글을 쓰고 제대로의 원고료를 받을 수 있는 나라 그것이 문화융성의 성적표가 아니고 무엇이랴. 책을 사 보지 않는 백성, 그들의 빈자리를 우선은 정부가 예산이라는 보검으로 메워주면서 문인의 창작 의욕을 끌어올려 주어야 한다. 지금 하고 있는 정책이 '언발에 오줌누기'에도 부족한 형편이라면 과감하게 예산 지원을 늘리는 통 큰 정책의 전환이 시급히 이루어져야 할 일이다. 밭에 물을 너무 늦게 주면 작물이 모두 다 말라죽어 버리는 것은 자연의 이치가 아니던가.

새롭게 출발한 윤석열 대통령과 새 내각의 성공을 기원하며 행운도 함께 하시기를 빌어 마지않는다. 문화 융성을 위해 진력하실 박보균 문화관광부 장관의 선전을 기대하며 미리 응원의 박수를 보낸다. 자 환하게 피어나는 모란을 보며 희망의 날개를 한껏 펼치자. 대한민국 만세!

2022. 6. 1.

코로나로 지친 마음 문학만이 다독여

 임인년 새해가 밝았습니다. 코로나19가 기대를 저버리고 또 1년을 버텼습니다. 검은 호랑이해라는 올해에는 짐을 쌌으면 좋겠습니다. 존경하고 사랑하는 우리 한국수필문학가협회 회원 여러분들은 우울한 한 해 동안에도 주옥같은 글들을 발표하는 열정을 더욱 불태우셨습니다. 여기 본회 이사들의 2021년 대표작들을 한데 모아 독자들의 서재를 찾아갑니다.
 두려움과 공포를 몰아내지 못하고, 서로 만날 수 없어 칩거해야 하는 암울한 상황 속에서 입가에 미소를 불러오는 것은 그래도 글뿐인 것 같습니다. 여행도 못하고 답사도 못하고 그리운 사람들이 오히려 만나기 꺼려지기까지 하는 야릇한 시간을 보내면서 속으로 익어 간 상념들은 훌륭한 작품들을 빚어내는 마술로 바뀌었습니다.
 사랑하는 독자 여러분, 오늘 우리가 여러분의 서재를 찾아가는 이유는 진정한 쉼을 드리면서 삶을 반추해 보고 그 안에서 새로운 희망을 찾는 행운을 드리기 위함입니다. 문학은 우리가 왜 사는지, 어떻게 사는 것이 진정한 행복을 누리는 일인지를 소곤소곤 알려주는 친구입니다, 특히 수필은 작가 개인의 삶을 통해 진솔한 통화를 쏟아내면서 거기서 인생의 참맛을 함께 즐기는 문학 장르입니다.

한 편의 수필이 여러분의 심란한 마음을 달래드릴 수 있다면 우리 작가들은 더 바랄 것이 없습니다. 지난 1년 동안 문학 전문지에 게재됐던 작품 중에서만 엄선한 대표작들이오니 깊은 울림을 드릴 수 있으리라 믿으면서 새해 벽두에 독자 여러분의 행운을 빌며 아름다운 서재로 달려갑니다.

문학을 사랑하고 아껴주시는 독자 여러분, 임인년 새해에 검은 호랑이 등에 타시고 모든 소원 다 이루시기 바랍니다. 코로나19가 물러난 아름다운 강산을 함께 뛰어다니는 날이 하루속히 오기를 고대하면서 책을 내는 인사에 갈음하고자 합니다.

월간 수필문학사의 배려로 한국수필문학가협회가 이 귀한 책을 내게 된 후로 세 번째 책입니다. 출판되기까지 모든 수고를 아끼지 않으신 교음사의 강병욱 대표와 편집 교정 등으로 애쓰신 류진 선생님께 깊이 감사드립니다.

2022. 1.

3

단 한마디

다부동에서 대한민국을 건진
영웅 백선엽
-『하늘의 별이 되어』를 읽고

    2년 전 여름 장맛비가 장대비로 쏟아지는 세종로에 초라한 빈소가 차려졌다. 비가 좀 그치기를 기다리다가 아무래도 안 될 것 같아 달려 나온 눈앞의 광경은 눈을 의심케 했다. 아니 아무리 세상이 변했기로서니 이럴 수가 있을까? 6·25전쟁의 최고 영웅이라 할 노장군의 빈소는 찾기 힘들 정도로 초라하게 마련되어 노병들이 안내하고 있는 것이 아닌가?
    나는 6·25 때 9살이었으니 그 시대를 잘 안다 하면 옳은 말은 아니겠지만 서울 한복판에서 전쟁을 만났고 아버지를 북괴군의 손에 어이없이 빼앗기고 전쟁납북자 유족이라는 명패만 남았다. 이런 연유로 6·25전쟁이라면 자다가도 벌떡 일어날 판이다. 그때는 어린것이 무엇을 알랴만 서울 장안에 도배하듯 우리나라 지도를 붙여놓고 날마다 빨간색을 칠해 나가며 전쟁의 승리를 노래하면서 우리를 불러 모아 그들의 노래를 가르치고 목이 터져라 부르게 했던 날들을 어찌 잊으랴.

 반동분자놈의 에미나이라며 공깃돌 놀이하는 계집애의 머리꼬랑이를 잡아당기던 내무서원인지 괴뢰군인지의 함경도 사투리는 지금도 모골을 송연케 한다. 아버지를 끌고 가던 그 사내의 말투도 똑같았다. 지금도 함경도 사투리를 들으면 오싹해지건만 함흥냉면은 정신없이 잘 먹으니 그 심사는 알다가도 모를 일이다.

 이런 나로서야 일면식도 없지만 백선엽 장군의 부음을 듣고 그냥 앉아 있을 수가 없었다. 그동안은 어떻게 감사의 인사를 할 기회가 없었지만 가시는 길에 꽃 한 송이는 놓아드려야 발 뻗고 잘 것 같았다. 지겹도록 길고 긴 시간 동안 진을 치고 있는 데모 군중의 천막보다 작고 초라한 천막은 비닐에 의지하여 장대비를 겨우 가려주며 숨차게 서 있다. 눈물인지 빗물인지 분간이 안 가서 보는 이는 모르겠지만 난 통곡하고 서 있었.

 힘없는 늙은 아낙이 위대한 영웅을 보내드리는 길에 할 수 있는 것은 이것이 전부였다. 1950년 7월, 8월, 김일성이 서울을 다녀가고 우리나라 지도는 날마다 빨간색을 넓혀 나갈 때 낙동상이라는 말을 들었고 의용군이라는 것에 끌려가 젊은이들이 끝없이 죽어간다고도 했고 집안 오빠도 피난 가다가 잡혀갔는데 소식이 없다 했다. 훗날 집안에서는 그 오빠가 틀림없이 낙동강 전투에서 괴뢰군의 의용군으로 개죽음을 했을 것이라고 슬퍼했다.

 이런 피나는 아픔을 요즘 세대들은 너무 잘 모르고 이상하게 가르쳤는지 어쨌는지 괴상한 소리들까지 하는 마당에 고 백선엽 장군 기념사업회가 『하늘의 별이 되어』라는 실록 장편 소설을 펴냈다. 소설가 채수정의 이 소설을 손에 들고 읽기 시작했는데 책을 손에서 놓을 수가 없었다. 다리를 다쳐 요양 중이라 어차피 누워 있는 처지이긴 하지만 전쟁 소설이라 좀 지루하지 않을까 했던 생각은 그야말로 기우였다.

 노장군 백선엽의 100세 생일잔치를 미8군이 주최해 주는 장면에서 시작된 소설은 백선엽의 어린 시절에서부터 성장 과정과 6·25전쟁의 고비마다를 그려나가고 있는 대하 장편 소설이다. 백 장군의 회고록과 여러 저서를 비롯한 방대한 자료를 얼마나 읽고 또 읽었으면 마치 자신의 이야기를 해 나가듯이 글을 풀어 가고 있다. 전혀 지루하지 않고 계속 읽을 수밖에 없이 만드는 원동력이 무얼까?

 아무래도 진솔한 표현과 가감 없는 진실의 토로를 담담하게 담아내고 있는 구성과 표현력 덕인 것 같다. 역사에서만 들었던 다부동 전투의 신화에 가까운 전승 이야기는 조지훈 교수의 특강 장면을 삽입함으로써 그 밀도를 폭발적으로 끌어올리고 있다. 승전의 기록뿐 아니라 운산 전투의 뼈저린 후퇴의 기록도 전사 그대로 진술하고 있다. '내가 물러서면 나를 쏴라.'는 유명한 한마디로 다부동에서 이 나라 국운을 건져낸 백선엽 장군, 그때 그 절체절명의 순간 대세에 꺾여 버렸으면 지금 우리는 어떻게 되었을까? 생각만 해도 끔찍한 일이다. 백 장군은 그 자리에서 하나님께 무릎 꿇고 기도했다. 그 후로도 고비마다 기도한다.

한국군의 현대화와 발전을 위한 외교적 노력도 자신이 한 대로 가감 없이 써 내려가서 중요한 역사기록의 역할도 하고 있을 뿐만 아니라, 싸움꾼 백선엽만이 아닌 탁월한 국가 지도자로서의 면모를 아낌없이 부각시키고 있다. 작가 채수정은 자신이 ROTC 3기로서 군에 대해 잘 알고 있는 당사자로서 그 전문성을 아낌없이 발휘하고 있다.

백선엽은 군 행정면에서 우리 군의 그 시절 상황에서 어쩔 수 없었던 크고 작은 생계형 비리에 대해서도 솔직하게 털어놓고 그들의 입장을 대신 변명하면서 감싸주는 지휘관의 고충을 잘 보여주고 있다. 혼자 옳은 것처럼 매도하는 모양새 보다 얼마나 인간적이고 공감이 갔는지 모른다.

30살에 대장이 되고 40살에 흔쾌히 전역하는 군인다운 군인의 모습을 보면서 더위도 못 느낄 시경이었다. 여기 다 말할 수 없지만 전투의 승전 기록만이 아닌 우리나라 현대사가 실록처럼 펼쳐진 내용들을 심상하게 그려나간 채수정 작가의 필법이 우리를 분노가 아닌 감동에 젖게 만든다. 이승만 대통령을 비롯한 국내외 거물 지도자들과의 일들도 스스럼없이 표현되어 있는 부분에 독자는 놀라움을 금치 못한다.

그의 삶과 전쟁, 군인으로서의 생활 전반에 그림자처럼 따라다니며 힘을 실어 준 것은 어머니의 기도와 하나님에 대한 무한한 신뢰가 자리하고 있음을 발견하고 숙연해지는 수많은 독자들에게 복음서가 될 수도 있을 것 같다는 생각을 해 본다. 철저하게 하나님께 의지한 백선엽은 승리의 장군이 될 수밖에 없었을지도 모른다.

장로인 채수정 작가가 혼신의 힘을 다해 집필한 『하늘의 별이 되어』는 노장군의 전역식을 끝으로 그날 밤 어머니를 끌어안는 것으로 대미를 장식한다.

2년 전 세종로에서 통곡하던 한 아낙의 설움을 조금이나마 잠재워준 이번 백선엽기념사업회의 결단에 찬 역작의 출간을 진심으로 축하드리며 온 국민에게 일독을 권하는 바이다.

2022. 7. 4.

단 한마디

'나라를 위해서 더 이상 좌시할 수는 없다. 자유, 정의 민주, 진리를 위해 박차고 일어나 나가자. 이것이 나라를 살리고 지키는 길이다.'

우리는 이 한마디 선배의 선창에 나가자를 외치며 안암골 교문을 한달음에 박차고 뛰어나왔고 이틀을 태평로 길 한복판에 빼곡히 들어앉아 목이 터져라 외쳤다. 그것이 나라를 살리고 지키는 길이라고 생각했다. 비싼 등록금을 마련해 자식을 대학에 보낸 부모님들의 열망에도 부합되는 일이라 확신했다. 나라를 살려야 하니까, 이대로는 안 되니까, 눈 뜨고 더는 볼 수 없으니까. 이런 것들이 젊음이라는 덩에 나고 우리를 이끌었다. 1960년 4월 18일 우리는 이렇게 나라를 건졌다.

오후가 되면서 술렁이기 시작했고 연좌만 할 것이 아니라 경무대로 가자는 말들이 튀어나오고 일어서며 수선스러워지기 시작했다. 이때 선배의 연설이 귀를 울렸다. 우리는 목적 달성을 위해, 나라를 위해 죽을 수 있다는 그럴 각오로 나왔다. 하지만 죽기 위해서 나온 것이 아니라 나라를 살리기 위해 나왔고 그 목적 달성을 위해서는 목숨까지도 흔쾌히 바칠 준비가 되어있다. 지금 우리의 뜻을 요로에 전했으니 그 답을 기다리자. 경거망동하지 말고 기다리자. 우리를 믿고 기다리라. 사공이 많으면 배가 산으로 간다. 우리는 다시 자리에 앉았고 질서정연하게 연좌데모는 계속되었다. 그날 명연설의 주인공 이세기 선배가 지난해 유명을 달리하고 우리 곁을 떠났다. 그날을 떠올리면 저절로 주먹이 쥐어지며 그 선배의 침착한 대처에 존경을 표한다.

해가 설핏해질 무렵으로 기억되는데 연단에 유진오 총장이 올라서 우리를 향해 말문을 열었다. '여러분의 충정을 깊이 이해한다. 요로에 여러분의 뜻을 전달했으니 그 답을 기다리자. 답을 받아낼 테니 여러분은 이제 학교로 돌아가 본연의 학업에 충실하라.' 그 연설에는 깊은 애정과 우리들의 뜻에 대한 인정과 치하의 뜻이 오롯이 배어 있어 눈가가 촉촉해졌다. 우리의 스승은 그랬고 믿을 만했다. 그 시절에는 그랬다. 우리는 교수님들이 존경스러웠고 그 어른들은 아낌없이 우리에게 격려하며 절대적 믿음을 보여주었다. 그리고 사랑했다.

유진오 총장님의 자그마한 모습이 멀리서 시야에 들어오기만 해도 우리는 저절로 발걸음을 멈추고 그 어른이 지나가시도록 길을 비켰다. 누가 시켜서가 아니라 그 당시 고려대학교 총장의 권위는 당연히 그랬다. 누가 시킨 것도 아니고 강제하는 일도 아니었다. 그 시절에는 대학총장이 대통령보다 낫다고 생각하는 것이 지식인들의 생각이었던 시대였고 선진국 모두 대학총장의 지위는 대단한 것이었다. 그분들은 그럴만한 실력과 덕망을 고루 갖추고 있었던 것이다.

한참 더 지나 해거름쯤에 이철승 선배가 연단에 모습을 나타냈다. 그는 우리들이 흠모하던 선배였기에 모두가 환호성으로 맞이했던 것 같다. 우리의 우상이라 해도 과언이 아니었다. 민주주의는 그냥 얻어지는 것이 아니다. 여러분의 오늘 이 쾌거는 매우 값지고 귀한 것이다. 반드시 여러분의 뜻이 관철되도록 최선의 노력을 다 하겠다. 일단 우리를 믿고 학교로 돌아가달라고 권고했고 우리는 환호했다. 존경하는 총장님과 우리의 우상이라 할 대 선배 정치인의 말을 믿고 우리는 흔쾌히 자리를 털고 일어서 학교로 돌아가는 행진을 시작했다.

그 귀로에서 정치깡패 일당의 습격을 받아 4.19의 도화선에 더 확실히 불을 당길 줄 그때는 아무도 몰랐다. 그 엄청난 죄악을 저지른 임화수 일당만 알고 있었겠지, 아니 그들도 자신들이 그렇게 일을 꼬이게 만드는 일의 1등 공신(?)이 될 줄은 꿈에도 몰랐을 것은 자명한 일이다. 세상은 어찌 보면 정확하고 정직한 것인지도 모른다. 역사는 이렇게 도도히 흘러가고 있었다.

이제 그 두 분 모두 고인이 되셨다. 우리는 아직 살아남아 볼꼴 못 볼 꼴 다 보면서 질질거리고 앉아 있자니 기가 막힌다. 뇌물죄가 잘난 죄인 줄로 착각할 정도의 세상에 살다 보니 예전의 팽형 같은 제도로 선비들의 일탈을 다스렸던 발상 같은 것은 아예 가소로운 것이 되어버릴 지경이 되었다. 선비의 자존심을 건드리는 것이 가장 큰 형벌일 것이라고 생각해서 고안되었을 팽형* 같은 벌은 오백 번이라도 좋으니 제발 먹을 수 있는 기회만 주시라고 기도할 사람들이 천지에 가득할까 두렵다. 긴 얘기할 것 없다. 우리는 다시 61년 전의 한마디를 기억하고 학교로 돌아가라는 한마디를 믿고 따를 수 있었던 그런 지도자를 애타게 찾고 있다. 한마디면 족하고 한 사람이어도 좋다. 단 한마디에 승복할 수 있는 행복을 다시 누리고 싶다.

2021. 10. 9.

*팽형: 조선시대 형벌의 하나이다. 선비로서의 명예를 더럽혔다고 생각하는 범죄자에게 행하는 형이다. 뇌물죄 같은 것이 주요 대상이 아니었나 생각된다. 지금 그 처형 장소가 교보문고에서 종각 방향으로 가는 길목에 있어 표지판이 서 있다.(지금은 혜정교터로 안 돼 있다.)
가마솥 2개를 걸고 하나에는 물을 펄펄 끓이고 하나는 비워둔다. 옆에는 관 등을 준비해서 시신을 옮겨 갈 채비를 마치고 상주들은 상복을 갖춰 입고 도열한다. 죄인은 오라에 묶여 끌려 나와 빈 솥에 들어가 뚜껑을 닫고 한참을 기다린다. 그리고 꺼내서 관 속에 들어가며 상주들이 장례절차를 행하며 운구를 시작한다. 장례 장면까지를 연출하며 선비의 명예를 철저하게 죽이는 형벌이다.(위키백과)

이 대명천지에 웬 날벼락

 대낮에 발가벗고 돌아다닌 것도 아니고 히잡이라는 특수의상을 제대로 착용하지 않았다고 사람을 마구 때려 사흘 만에 죽음에 이르게 했다. 어느 산골 오지에서 일어난 일이 아니라 이란의 수도 테헤란의 한복판에서 일어난 참극이다. 그 유족들은 머리를 심하게 가격당한 것이 죽음의 원인이라고 분노했다.
 이 비극의 주인공은 이란 북부 쿠르디스탄 주에 살던 22세의 여성으로 가족과 함께 테헤란을 방문 중에 불귀의 객이 된 '마흐사 아미니'이다. 가슴 설레었을 수도 테헤란 구경이 영영 고향을 떠나는 빌미가 될 줄 상상이나 했겠는가? 도덕 경찰에게 붙들린 그녀의 죄목은 히잡 착용규정 위반이었다니 어이없는 일이 아닐 수 없다.
 히잡은 부르카, 니캅이라 불리는 여러 종류의 무슬림의 여성용 특수의상의 하나이다. 얼굴 부위를 가리는 것이 목적이고 이유는 여성의 머리카락이 남성을 유혹한다는 생각에서 그것을 차단시킨다는 명목으로 이슬람이 강요하는 여성용 얼굴 머리 가리개인 셈이다. 여기서 히잡의 기원이나 역사나 하는 것들을 논하고 싶은 생각은 추호도 없다 잘 알지도 못할뿐더러 굳이 자료를 찾아 그런 것들을 열거할 필요를 느끼지 않기 때문이다.

히잡을 사람 모두에게 강요하는 것이라면 특수종교의 교리나 그런 것들을 나열할 필요가 있을지 모르겠으나 문제는 여성에게만 강요한다는 것이 핵심이다. 일부 사람들은 얼굴과 머리를 온통 가리는 이런 의상의 착용을 사막 지대의 뜨거운 태양열과 모래바람으로부터 보호하기 위함이라고 하기도 한다. 그렇다면 남성은 그런 위험에 노출되어도 괜찮다는 말인가? 언제부터 여성을 그리도 끔찍하게 위해 받쳤는지 묻고 싶다.

히잡을 둘러싼 이 소동의 핵심은 여성 차별이라는 것이고 넓게는 인권의 문제이며 좁게는 여성 인권의 유린이라는 범죄 행위이다. 우리도 조선 시대에 여성들은 쓰개치마라는 장옷을 입어야 했다. 여자가 함부로 몸을 드러내고 다니는 것은 정숙하지 못하다는 이유였고 이것 또한 여성에게만 가해지는 인권유린의 일종이라 할 수 있다. 남성은 갓을 쓰고 어깨를 펴고 거리를 활보해야 하고 여성은 장옷 속에 몸을 감추고 잔뜩 웅크린 모습으로 몸을 낮추며 나다녀야 한다는 생각에서 비롯된 어이없는 풍속이었다.

인간은 평등하고 자유로울 권리가 있다. 아무리 지구의 어느 귀퉁이에서 벌어지고 있는 일이라 할지라도 인간의 기본 권리인 인권을 유린하는 일이라면 다 함께 일어나 그 부당함을 알리고 그런 압제를 받고 있는 사람들을 함께 구해야 한다. 이런 맥락에서 일찍이 2004년에 프랑스의 학교에서 '과시적, 종교적 상징'을 금지했으며 2010년에는 공공장소에서 얼굴을 가리는 옷을 입는 것을 금지하는 법을 제정한 바 있다.

이제 우리는, 세계인은 일어나야 한다. 다른 나라에서의 일이라고 수수방관할 것이 아니라 지구인의 문제를 바로 내 문제로 함께 해결해 나가야 한다. 그것이 21세기를 살고 있는 문명인의 도리에 맞는 일이다. 2022년 9월 16일은 또 하나의 여성차별 철폐의 계기가 되는 날로 승화시켜야 한다. 그래야 그날 이승을 떠난 가여운 여성 '마흐사 아미니'의 차마 감지 못하고 있는 부릅뜬 눈을 감길 수 있다고 본다.

남성이 주도하는 사회에서 예로부터 일어나는 일 중의 하나는 정치적으로 불안하고 민심이 안정되지 못할 때면 어김없이 여성을 다잡아서 규율을 세우던 악습이 있었는데 아직도 그런 구태의연한 사람들이 바로 히잡 같은 것을 강요하는 것으로 자신들 권력의 지렛대로 쓰려는 어리석은 일을 하고 있다. 우리나라도 임진왜란을 겪은 후 심히 혼란스러운 민심을 수습하는 방책으로 여인들을 혹독할 정도로 억누르는 여러 가지 정책을 펴서 조선 중기 이후 여성의 지위가 급격히 낮아진 역사를 갖고 있다. 지금의 히잡 강요가 바로 그런 일의 단면인 것이다.

　인간의 기본권은 남녀가 똑같다. 인간은 살아 있는 한 남성이나 여성이나 욕구도 희망도 다 똑같다. 여성의 머리카락이 남성을 유혹한다거나 여성의 심한 노출이 남성을 흥분시켜 성범죄를 범했다거나 하는 말들은 똑같이 시대착오적인 발상이라 할 수 있다. 이제 무슬림 여성들이 스스로 반기를 들기 시작했으니 이 분노의 물결이 히잡 등의 여성 억압의 괴물(?)들을 다 쓸어내 버릴 수 있도록 세계가 함께 나서야 한다. 인간은 기본적으로 자신의 자유와 행복을 누리고 지킬 권리가 있다. 인권은 성별이나 인종 등의 문제로 차별받을 수 없는 불가침의 권리이다.

　이제 더 이상 2022년 9월 13일의 테헤란 만행 같은 반인륜적 범죄는 절대 사절이다. 마른하늘에 날벼락은 이번 한 번으로 족하다.

2022. 9. 29.

존칭 하나 제대로 못 써서야

 말은 서로 자신의 뜻을 상대에게 알리기 위해 필요한 것이다. 좋은 말이란 쉽고 빠르게 자신의 뜻을 나타내는 표현이면 족하다. 그 이상도 이하도 아니다. 거기에 상대의 기분을 상하지 않도록 정중하면서도 정확히 의사를 전하면 금상첨화라 하겠다. 이런 것이 우리말에서는 존칭이나 존경을 담은 낱말들이다. 우리말이야말로 어 다르고 아 다른 것이 감칠맛이 있다. 그 존칭은 상대의 격에 맞아야 된다. 극존칭을 보통 관계의 사람 사이에 쓰면 오히려 결례가 되는 것이 그런 연유이다. 친구 사이에 어서 하시게,라고 하면 나이 들어가면서 듣기 좋아 보이기도 하지만 어서 하십시오 하면 무언가 시비를 걸고 싶거나 거리를 두는 의사표현으로 보이는 등의 예를 생각해 보면 된다.
 우리말은 존칭이 많고 단계도 복잡하다. 어느 외국인에게 우리말을 듣고 첫인상이 어땠느냐고 물으니까 시시시시 하는 것 같았다고 해서 웃은 적이 있다. 경어가 많다 보니 그렇게 들렸을 수도 있겠구나 싶었다. 바로 이 경어나 경칭이 쓰일 곳에서는 점점 사라지고 엉뚱하게 돌변해서 황당한 경우가 생겨나더니 아예 자리를 잡아버리려 한다. 부모에게 다 큰 자녀들이 엄마 같이 가자, 밥 먹자, 내가 만들었다, 등의 말을 서슴없이 하는 정도가 아니라 부모와 그렇게 주거니 받거니 하는 풍경을 자주 보게 된다. 그런가 하면 세칭 고객이라고 하는 상대에게 존칭을 쓴다는 게 희극이 되어버린 웃지 못할 대화를 들어야 하는 지경이 되었다.

    치과에서 진료를 받는데 치위생사가 진료대에 오르라는 말을 건네는데 '자 올라가실게요.'라고 하는 게 아닌가? 의아해서 쳐다보고는 그대로 올라갔다. 입 벌리실게요, 양치하실게요, 내려오실게요, 민망해할까 봐 진료 끝난 후에 조용히 그렇게 말하는 게 아니라고 설명하고 고쳐주려 했는데 다음 환자에게 똑같은 말로 진료를 돕고 있는데 어떻게 할 방도가 없다. 나중에 의사에게 설명해 주고 고치게 해야겠다고 병원을 나오면서 뒷맛이 썼다.

    내과의원에 정기진단을 받으러 갔다. 옷 벗으실게요, 앉으실게요, 옆으로 누우실게요, 팔 올리실게요, 이거야 정말 더는 참을 수가 없다. 올리실게요가 아니고 올리세요라고 해야 맞는다고 설명을 했더니 벌레 씹은 얼굴을 하며 '다른 분은 아무 말

않는데 왜 그러세요?' 오히려 반문이다. 실컷 받들어 모시고 대접해 줬는데 무슨 말도 안 되는 소리냐는 반응이다. 무엇이 왜 틀렸는지 관심도 없고 별 이상한 여자 다 봤다는 얼굴이다.

외눈백이 나라에 가면 두 눈 가진 사람이 이상하다는 말이 생각났다. 어째서 저런 해괴한 말들이 생겨났을까? 아마도 소비자는 왕이다, 고객의 심기를 건드리지 않으려면 경어를 잘 써야 된다고 생각한 나머지 교육을 잘못 시킨 것이 아닌가 하는 생각이 들었다. 앉으세요, 팔을 올리세요, 등의 어법이 맞는 것임에도 불구하고 마치 명령하는 것으로 들릴까 봐 배려한다는 것이 그야말로 지나쳐서 결례가 되는 경우와 같은 어리석음을 범하게 된 것이다. 하라, 올려라, 내려라 등의 명령어에 우리말이 얼마나 여러 단계의 경어를 갖고 있음을 간과하고 명령어투를 바꿔 버린 것이니 웃을 수도 울 수도 없는 기막힌 상황이다. 우리말에 얼마나 무관심하고 무식(?)하면 이런 희극이 벌어지고 있단 말인가? 올리세요, 올리시지요, 올리시죠, 올리십시오, 올려요, 등 상대의 연령 정도에 따라 얼마든지 선택해서 쓸 수 있는 말들이 많다.

병원에 갈 때마다. 여러 번 얘기하니까 단골 의원의 간호사는 웃으면서 "그러게요. 버릇이 돼서 자꾸 그렇게 나오네요. 고치려고 애쓸게요."라며 수긍한다. 이만하면 성공이다 싶어 기분이 좋았지만 대다수의 사람들은 전혀 무반응이다. 그들보다 더 나쁜 게 나 자신임을 알면서도 더 적극적이지 못한 태도가 문제이다. 지치기도 하고 매사에 체념이 더 빨리 오는 요즘이다.

　세종로를 걸으며 세종대왕님께 죄송하다는 인사만 한다. 우리말을 잘 지켜야 하는데 이렇게 작은 일에도 성의를 내지 못하는 자신이 부끄러워서이다. 세종로 소공원의 조선 어학회 사건의 전말이 새겨진 기념비를 보면서 옷깃을 여미지만 그 어른들께 감사의 인사를 올리며 눈가를 적시다가도 또 몇 걸음 옮기고 나면 그만이다. 음식점 이름도, 찻집의 이름도 구멍가게 자리들에 들어선 잡화 가게들도 온통 우리말이 아닌 다른 말들로 도배를 했다. 한글의 글자만 빌어다 썼을 뿐이다. 그래도 나이든 사람들끼리는 콩다방이니 별다방이니 하며 웃으리 그나마 다행이라고나 한다면 오히려 슬픈 일이다. 종로 찻집에서 생강차 한 잔 마시고 얘기했다면 누가 잡아 기기라도 하는 양 스타벅스에서 아메리카노 한 컵 마시고 힐링했다는 세상에서 산다.

　희망찬 임인년이 밝았다. 이제부터라도 가능한 한 우리말로 바꿀 수 있는 것은 우리말로 다 바꾸고 잘못 쓰이는 우리말은 과감하게 바로 고쳐가며 우리의 소중한 한글을 지키고 고운 우리말을 보존해 나가야 하는 것은 후대를 위한 현재인의 당연한 소명이다. 자, 예방주사 맞고 방역 증명 들고 입마개 단단히 쓰고 열심히 살아볼 일이다. 이렇게 알아듣기 쉬운 우리말을 두고 왜 백신을 접종하고 방역패스를 들고 마스크를 착용하라고 해야 하는지 알다가도 모를 일이다. 방역 당국은 하루 속히 그 용어를 우리말로 바꾸고 거기가 정신이 없어 못하면 언론이 앞장서서 우리말을 만들어 쓰는 선도적 역할을 해야 한다고 본다. 방역증명과 방역패스 중 어느 말이 더 알아듣기 쉬운지 생각해 보면 답은 저절로 나올 일이다. 말은 서로 의사소통을 하라고 있는 것이다. 그 이상도 이하도 아니라고 하면 편견이 되려나?

2021. 11. 11.

황산대첩비와 아버지

전라북도 남원시 운봉읍 화수리에는 우리 민족의 자존심 하나가 서 있다. 황산대첩비이다. 1930년대 중반부터 일본은 우리나라 각처에 있는 척왜비의 철거계획을 세우고 각 지방 관서에 철거를 명령하여 자신들을 배척한 흔적이나 우리가 일본을 이긴 기록들을 말끔히 지워나갔다. 아버지가 남원 군수로 재직할 때의 일이니 아버지에게도 이런 명령이 내려왔다. 바로 황산대첩비가 그 대상이었다.

1380년 고려 우왕 6년 삼남 지방은 왜구의 침공으로 전란에 휩싸여 있었다. 18세의 소년 장수가 이끄는 왜구가 파죽지세로 몰고 올라온 운봉은 풍전등화의 형국에 놓여있었다. 거기서 무너지면 일본에게 우리 땅을 내주어야 할지도 모를 정도로 중요한 곳이었다. 화급해진 고려 조정은 이성계 장군을 양광, 전라, 경상, 3도 도순찰사로 삼아 운봉에 급파하기에 이른다. 부장 이

지란, 정몽주 등을 이끈 이성계 장군은 운봉에 도착해 전황을 파악하고 지세를 살피며 왜구의 섬멸을 위해 치밀한 전략을 짰다. 첨예하고 뾰족한 것이 묘한 산세를 가진 황산에 주목하며 목욕재계한 후 고남산에 올라 기도를 드린 후 전투에 임했다.

이때 일본의 장수 아지발도는 18살의 어린 나이지만 온몸이 철갑이라 하고 한 끼에 한 말 밥을 먹고 황소 한 마리를 먹어 치운다는 바람에 우리 군사들이 벌벌 떨고 있을 정도로 사기가 죽어 있었다. 얼굴에도 항상 철가면과 연결된 철 투구를 쓰고 있어서 아무리 활을 쏘아도 화살이 뚫고 들어가지 못하고 튕겨져 나오니 종횡무진하는 그를 당해낼 수가 없었다. 아지발도를 잡기 전에는 전세를 역전시킬 수도 없고 왜구의 섬멸은 매우 어려운 상황이었다.

이성계 장군은 명궁 중의 명궁인지라 활로 승부를 내야 하는데 철 투구가 문제였다. 부장 이지란도 이성계에 버금가는 명궁이었다. 이지란(퉁두란)은 여진족으로, 귀화해서 이성계와 의형제로 지낼 정도로 생사를 함께하는 심복이었다. 숙의 끝에 묘수를 찾은 두 사람은 작전을 개시하기에 이른다. 기도 끝에 결전의 날을 정하고 두 명궁은 활시위에 국운을 거는 대결전을 치르게 된다. 이성계 장군이 아지발도의 투구 끈을 화살로 잘라내면 투구가 열리는 순간 이지란의 화살이 아지발도의 목을 관통하여 숨통을 단번에 끊어놓는다는 전략이 그 묘수였다.

결전의 날은 왔고 이성계 장군의 화살에 투구 끈은 맥없이 잘려나가 아지발도의 얼굴이 드러나는 순간 이지란의 화살은 정확하게 아지발도의 목을 뚫어 숨통을 끊었다. 아지발도가 말에서 굴러떨어지자 적의 사기도 함께 땅에 떨어지고 우리 군의 사기는 하늘을 찌르고도 남을 정도로 치솟아 고려군보다 10배가 더 넘는 왜구의 대군은 속절없이 무너져 내리고 말았다. 그 날 전투에서 적병이 흘린 피가 격전을 치르며 아지발도가 쓰러진 바위를 물들여 오늘날 까지도 불그죽죽하게 물들어 있다고 전해진다. 그날 왜구는 겨우 70명 정도만 목숨을 부지하고 지리산 쪽으로 도주했다고 한다. 그 바위는 피바위라 불리며 아직도 그 계곡에 누워있다. 이때의 황산대첩 대승이 없었더라면 훗날 임진왜란이라는 역사가 써지지 않았을 것이라는 평가를 하는 사람도 있을 정도로 큰 역사적 대첩이요 승전이었다. 일본이 그때 우리를 집어삼켰을 것이라는 예측이니 모골이 송연해지는 말이 아니겠는가?

    황산대첩에는 전설도 많이 남아있다. 일본에서 아지발도가 출정할 때 그의 누나가 자신의 꿈에 현몽해서 조선에는 황산이라는 산이 있는데 불길하다 했으니 이번 출정은 중지했으면 좋겠다고 말렸다. 이때 아지발도는 장수의 앞길을 가로막다니 요망한 계집이라며 그 자리에서 목을 베고 그대로 출정했다고 한다. 이성계 장군은 그 황산 전투 동안에 이겨가는 전투를, 승전의 기세를 몰아 그대로 이어가서 적을 쓸어버려야 하는데 어두워오니 안타까워 달이 어서 떠올라 이대로 전투를 계속하게 해 달라며 기도하고, 바람이 어서 불어와 달 뜨기를 도와 달라고 기도했더니 하늘이 감동해서 그대로 이루어져 승세를 몰아 승전할 수 있었다. 바로 그 격전지 인풍(引風)과 인월(引月)이라는 지명이 오늘까지 그대로 이어져 내려오고 있다고 전해진다.

　이성계 장군은 이 황산대첩 대승의 여세를 몰아 왜구를 완전히 섬멸하고 오랜 골칫거리를 단숨에 해결하였다. 아니 나라를 구했다. 풍전등화 같은 고려를 살린 것이다. 이 장군의 대승 소식을 들은 전주이씨 종친들은 승전 축하연을 전주의 오목대에서 베풀었다. 그 자리에서 이성계 장군은 대풍가를 불러 자신의 속내를 서슴없이 내비친다. 그길로 사실상 조선 개국은 속도를 내고 고려는 썩은 나무둥치처럼 속절없이 무너져 내렸다. 선조 10년 1577년에 선조는 이태조의 황산대첩 승전을 기념하는 황산대첩비를 세워 그 공덕을 기리게 된다. 호조판서 김귀영이 비문을 짓고 여성군 송인이 글씨를 쓴 거대한 황산대첩비가 세워졌다. 그 옆의 암벽에는 이성계를 도운 장수들의 이름을 새겨 그 공을 함께 기리고 있다. 이런 황산대첩비가 일본인들에게는 얼마나 눈의 가시였겠는가?

　일본은 내선일체를 내세우며 우리 문화를 말살하는 정책을 서슴없이 펴 나가기 시작했다. 전국 각처에 있는 척왜비들을 철거해 버리는 계획을 세우고 각 지방에 명령을 내려 보낸다. 이 속에 황산대첩비가 포함되었을 것은 불을 보듯 뻔한 일 아니었겠는가? 남원군수인 아버지는 이 명령을 받고 시행에 옮긴 것이 아니라 일본인들을 설득하기 시작했다. 역사란 흔적을 없앤다고 해서 없어지거나 달라지지 않는다. 그 당시에 우리가 승리자였듯이 지금은 당신들이 승리자가 아니냐. 그것이 현실인데 굳이 그 흔적들을 치우기 위해 민심의 이반이라는 큰 손실을 자초하느냐. 지금은 전시로 온 국민의 마음을 하나로 묶어야 할 때인데 이런 일을 벌이는 것은 일본의 국익에 전혀 도움이 되지 못한다. 잃는 것만 있고 득이 없는 일을 그대로 행하는 것은 무책임한 일이다. 이야말로 내선일체에 방해가 되는 일이다.

대강 이런 것이 아버지가 그들에게 명령을 실행할 수 없는 이유를 설명한 내용이었다. 이 말을 전해주며 오빠는 아버지가 얼마나 자랑스러웠는지 모른다고 회고했다. 유림의 반발이 민심을 크게 흔들리라는 엄포를 앞세운 아버지의 설득으로 남원의 황산대첩비는 1944년까지 무사했다. 통영 충렬사의 이순신 장군 송전비가 1943년에 철거된 것을 보면 아버지의 명령 거부가 얼마나 대단한 일이었는지를 가히 짐작할 수 있다. 충렬사에서 이순신 장군 승전비 훼파 경과 설명을 읽으며 새로 세운 까만 오석의 새 충무공 비석을 보면서 가슴이 뛰던 기억을 잊을 수 없다. 그날 새삼스럽게 아버지가 보고 싶어 제대로 밥을 먹기 힘들었다.

일본은 아버지를 연임시키지 않는 방법으로 잘라내는데 이때가 1943년 1월이다. 군수직을 떠나는 아버지에게 남원의 유림들은 70인이 그간의 송덕문을 지어 문집을 엮어주는 것으로 애석한 마음을 달래는 역사적 기록을 남기는데 그 서문에 유림대표 노병인 선생은 석별의 마음을 적으면서 황산대첩비를 지키고 문화유적을 지킨 아버지의 공덕을 기리고 있다. 우회적으로 표현할 수밖에 없는 충정을 행간에서 읽을 수 있는 노 선생의 서문을 읽으며 아버지의 노고가 얼마나 컸을까 싶어 눈가가 젖어온다. 일본은 1943년 8월 '남원 유림이 매우 부정하니 유림을 먼저 숙정하고 속히 황산대첩비를 훼파하라.'는 총독부 공문을 내려보내고 그해 11월 재차 독촉 공문을 내려보내 압박한다. 드디어 1945년 7월 15일에 헌병을 시켜 다이나마이트로 황산대첩비를 훼파한다. 이로써 우리나라 안에 있던 척왜비의 완전 철거작전의 막이 내렸다. 비록 끝까지 일본의 만행을 피해가지는 못했지만 한 사람의 소신 있는 관리의 용감한 행동이 이떤 깃인지 하는 것과 식민시 백성으로서의 한계에 통분했을 아버지의 모습이 떠오르며 명치끝이 아파온다.

1957년 10월 27일 황산대첩비를 복원하여 다시 세우고 본래 비석의 조각들을 모아 보관하고 있는 파비각 앞에 서니 마치 아버지의 옷자락을 보는 것 같아 가슴이 뭉클하다. 어휘각 쪽으로 가니 함께 싸운 장수들을 기려 암벽에 새긴 승전 공덕문과 장수들의 이름이 심하게 손상되어있다. 일본인들이 그때 정으로 쪼아대며 찍고 깎아서 훼손한 것이다. 역부족으로 비록 지켜내지는 못하고 그들에게 훼파당하기는 했지만 그 파편들에서 강한 기가 뿜어져 나오는 것처럼 느껴지는 것은 아버지에 대한 그리움이나 연민 때문만은 아닌 것 같다. 아버지 저는 오늘 여기서 자랑스러운 아버지를 만나서 얼마나 뿌듯하고 행복한지 모르겠습니다. 역시 아버지는 할아버지의 기대를 저버리지 않으셨습니다. 자신이 선 자리에서 최선을 다하셨으니 말입니다.

2013. 5.

이제 다시 싸우며 살자

　아무 이유 없이 1주일을 집에서 한 발짝도 나오지 말고 있으라는 명령이 내려온다면 어떤 기분이 들까? 아니 어떻게 대처할까? 온 국민에게 이런 일이 동시에 일어난다면 아마도 사나흘 정도면 폭동이 일어나든지 어쩌든지 무슨 사단이 생겨도 생길 것이다. 지키는 군사가 수만 명이라도 감당 못할 것이다. 왜 그럴까? 이유는 간단하다. 인류는 생래적으로 자유로운 존재이기 때문이다. 그런 연유로 현대 정치 이념에서 자유를 빼고서는 담론 자체가 성립되지 않을뿐더러 어떤 좋은 정책도 모두 허울 좋은 공염불에 불과하게 된다.
　너무나 당연하고 중요한 가치이다 보니 마치 공기처럼 그 존재나 중요성을 일상생활에서 깜빡 잊고 사는 경우가 많을지도 모른다. 침해를 받고서야, 그 피해 당사자가 되고 나서야 비로소 중요성을 깨닫고 빼앗기고는 도저히 견딜 수 없어 목숨을 걸고 자유를 찾거나 지키고자 험악한 싸움을 걸고 목숨을 내놓기도 하는 것이다. 우리는 바로 그 자유를 지키고자 상아탑을 박차고 거리로 달려 나왔고 기어이 쟁취했다, 1960년 4월 18일과 19일에 서울 한복판 광화문에서.

나라면 달랐을까
– 의안대군을 만난 날

 임금이 못 돼서 상상봉에 앉혔나? 죽어서라도 높은 곳에 있으라는 뜻일까? 아니면 사람들이 범접 못하게 하려는 의도였을까? 경기도 중부면 엄미리 152번지 산 상상봉에 올라앉은 쌍분 묘가 왜 이다지 처연해 보이는지. 천명이 있고 순리가 있다. 과욕도 있고 탐욕도 있다. 자식을 위해서는 무슨 일인들 못 하랴는 옛말도 있다. 여기 누운 주인공은 조선의 두 번째 임금이 될 뻔했던 조선 왕조 최초의 왕세자인 의안대군(宜安大君)과 그 부인 심씨이다. 조선을 개국한 태조 이성계의 막내인 여덟 번째 왕자인 그가 어머니의 강청으로 왕세자에 책봉까지 되었지만 그 무리수의 성공은 거기까지였다. 하늘은 그에게 제왕의 자리는 허락하지 않았다. 형제들에 의해 사살되는 비극의 주인공으로 꽃다운 나이에 저승길을 가야 했던 비운의 왕자 방석, 도령복 차림으로 환하게 웃으며 저만치서 하늘을 우러르고 서 있다.

　날씨가 유난히 화창해서 더 마음을 처연하게 만드는지 모르겠다. 유리알같이 맑은 하늘의 푸르름이 가슴을 더 후비고 든다. 최상의 자리, 단 한 자리, 나라의 주인이 되는 임금의 자리가 눈앞에 있는데, 내 자식에게 그 자리를 줄 수 있는데 다른 여인의 소생에게 그 귀한 기회를 양보해서 자식의 천수를 보장하는 여인들이 많지만 그것도 쉬운 일은 아니다.

　무명에 가깝던 이성계를 변방의 장군에서 일약 송도의 정치 중심권에 끌어올려 결국 조선을 개국하기에 이르도록 한 여인, 신덕왕후 강 씨의 야망은 거기서 그칠 수가 없었다. 고려조와 조선 왕조의 분묘 형식을 섞어 갖춘 묘역을 둘러보고 내려오는데 자꾸 어린 왕세자 방석이 따라온다. 어차피 사람은 한 번 죽는다. 누구나 갈 그 길이라면 높은 뜻을 세웠다가 그로 인해 꺾였다 한들 무에 그리 대수랴? 하고 생각할 수도 있겠으나 그 어린 왕세자는 그런 모든 결정의 중심에 서 있지 못하고 오로지 그 어머니의 탐욕이 빚어낸 희생양이었기에 가슴이 저며 오는 것이다.

　그래 너라면 달랐을 것 같으냐? 바람이 일갈하고 지나간다. 네 아들이 제 아버지 결심 하나로 일국의 제왕이 될 수 있는데 무시무시한 형들에게 왕위를 양보하고 물러나 앉는 것을 그냥 보고 있겠느냐? 구름이 덩치를 키워 다가오며 묻는다. 얼른 대답이 나오지 않는다. 당해보지 않아서 잘 모르겠다는 궁색한 대답이 솔직한 고백이다. 묘라도 좀 낮은 데다 쓰거나 사람이 오기 쉬운 곳에 써줄 것이지 너무 심했다는 생각에 공연히 분노가 밀고 올라온다.

죽은 사람이 무슨 힘이 있겠다고 그마저 사람들의 접촉을 끊고 싶었을까? 그렇게도 두려웠을까? 동생의 피를 딛고 왕위에 올라야 했던 일말의 양심에 동정을 해야 할까? 나라를 위하는 것은 대의이고 형제간의 일은 소의에 속한다는 항변이 귀를 괴롭힌다. 그래 국가경영의 큰 뜻과는 무관하게 살아온 평범한 아낙이 무엇을 안다고 중언부언할까 보냐. 그런 엄청난 대의라는 것을 고민해야 할 처지에 처해 보지 않고 살아왔음에 감사해야 할 것 같다. 역사에는 가정법이 통하지 않는다지 않는가, 그래 모두가 희생양일 수도 있다. 조선 태조 이성계도, 태종 이방원도, 신덕왕후 강 씨도, 어린 왕세자 방석도 모두가 조선이라는 나라의 굳건한 기틀을 위해 한 몫씩의 희생을 기꺼이 바친 것인지도 모른다.

역사는 흐른다. 그 시대를 사는 사람들의 노력과 능력에 따라 도도하게 흐른다. 자꾸 복잡해지는 머리를 흔들어가며 산을 내려오니 의안대군 종부가 우리를 기다리고 서 있다. 양자를 들여 가문을 이어 온 종부는 지극히 자랑스럽게 문 앞을 지키고 서서 의연하게 손님을 맞는다. 또 다른 충격으로 멍하니 쳐다본다. 그래 모든 것은 생각하기 나름이다. 가치관이라는 것은 지극히 주관적일 수 있다. 각자의 생각을 존중하며 사는 것이 지혜로운 삶의 첩경이다. 무슨 자격으로 신덕왕후를 놓고 왈가왈부할까 보냐, 너라면 더 했을지도 모른다. 그렇다 바로 그것이 오늘의 정답이다. 나도 나를 모르겠다. 슬그머니 목을 만져보며 차에 올랐다. 정릉의 신덕왕후나 한번 만나러 가야겠다. 임금은 못 됐어도 높이 올라앉아 위로를 삼았을지 모를 의안대군의 묘한 미소가 초로의 아낙을 배웅한다.

2022. 6. 15.

미안한 마음으로

 사람이 어떤 소신을 갖고 잘 실천하고 살다가도 부득이한 사정이 생겼다고 생각하면 그 소신쯤 헌신짝처럼 버리는 것은 아닌지 모르겠다. 평생을 여성운동과 소비자 운동으로 살아오다 보니 환경운동, 녹색 운동, 에너지 절약운동 등은 몸에 배다시피 됐고 2000년대 들어와서는 탄소중립 운동에 열을 올리기도 하고 캠페인에 적극적으로 앞장서 왔다. 나무 한 그루라도 더 베지 않아야 한다고 우유팩을 열심히 모아들이는 캠페인도 하고 종이 한 조각도 분리해서 따로 모아 버리기에 일찍부터 열심을 내기도 했다.
 그러던 사람이 올해 들어서는 에너지 절약, 탄소 중립, 아무 것도 모르는 사람처럼 벌써 한 열흘째 에어컨을 노상 켜 놓은 채 살고 있다. 뜻하지 않은 사고로 다리 골절상을 입고 봉합수술 후 퇴원해서 집에서 요양 중인데 도무지 더워서 견딜 수가 없어서이다. 지난해에는 에어컨을 단 하루만 틀고서도 잘만 견뎌왔는데 올해는 기운이 없어서인지 견딜 수가 없다. 환자의 본령에 맞게 치료에만 힘쓰자, 더위와 싸우게까지 할 여력이 없다는 게 이런 변신의 이유이다. 인간이 이기적인 존재임은 알고 있었으나 이토록 철저하게 저밖에 모르는 몰염치한인 줄은 미처 몰랐다. 평생을 해 온 운동들의 지론은 어디로 다 날아가고 없다. 오직 내가 몸이 나아야 하는데 쾌적해야 한다는 것이 모든 질책을 다 덮고 있다.

세브란스에서 봉합수술을 받고 사흘 만에 작은 병원에 나가 2주일을 보냈다. 병실 창밖이 온통 숲이어서 얼마나 행복했는지 모른다. 정신은 말짱하고 움직일 수만 없으니 다리를 높이 매달다시피 올려놓고 누워있어야 하니 책을 읽는 것 말고는 할 수 있는 것이 없다. 다행히 평생 책을 읽는 일은 몸에 밴 터라 얼마나 그 덕을 보았는지 모른다. 계속해서 책을 읽다가 창밖의 녹음을 쳐다보면서 눈을 쉬게 할 수 있는 게 얼마나 다행이었는지 모른다.

6월부터 지독한 더위가 몰려옴은 지구온난화가 가져온 일종의 재앙 수준이다. 그 근원을 알면서도 그 대책에 충실하기보다는 더 부채질하는 노릇을 나부터 앞장서서 하고 있으니 미안한 마음을 금할 길 없다. 모르고 하는 일은 죄가 아니지만 이렇게 알면서 하는 것은 죄악이다. 그런 줄 뻔히 알면서도 여전히 몰염치한의 날들을 보내고 있다.

　탄소중립은 이제 미룰 수 있는 선택의 문제가 아니라 살아남기 위한 마지막 선택이라 할 정도로 시급한 일이다. 그럼에도 불구하고 탈원전 정책으로 화력 발전 등에 대한 기대를 부풀려서 이도 저도 아니고 전기요금만 다락 같이 올려놓는 결과를 낳고 말았으니 기가 막힐 노릇이 아닐 수 없다. 풍력도 태양광도 다 좋은 줄 알지만 우리나라의 자연환경과 걸맞지 않은 것을 간과했음은 실수로 인정하고 정책의 수정을 시급히 해야 한다고 본다. 그동안 잘못된 것에 대한 질책과 회한은 뒤로하고 우선 개선이 시급하다. 새 정부가 그것을 이미 잘 알고 있는 것 같아 마음이 좀 놓이기는 한 상황이다.

　오늘은 날씨가 조금 숨통이 트이는 것 같아 안간힘을 쓰고 에어컨을 켜지 않고 버티고 있다. 이 인내심이 언제까지 갈지, 오늘은 승리할 수 있을지 그것은 나도 모른다. 알량한 시민의식보다 인내심의 한계가 더 문제이니까.

2022. 7. 8.

북핵이 사라져야
통일 여건이 조성된다

　분단 77년에 통일을 원하지 않는 사람이 누가 있겠나? 하지만 구체적으로 들어가면 갈수록 이런 상태에서 우리가 통일될 수 있으리라고 낙관적으로 볼 수 있는 사람은 또 누가 있을까? 동족이 이렇게 으르렁댈 것이 아니라 통일해서 평화롭게 오순도순 잘 살아보자는 지극히 원론적인 말에 반대할 사람은 아무도 없을 것이다. 하지만 우리의 현실을 똑바로 보면 볼수록 통일하고는 점점 더 먼 길로 달아나고 있는 것 같으니 안타깝기 그지없는 일이 아닐 수 없다.

　인류를 멸망으로 이끌 것이라는 극악의 핵을 누구에게 겨냥하겠다고 만들고 있는가? 우리는 지금 엄연한 휴전상태이지 종전상태의 평화국이 아님을 한시도 잊어서는 안 되는 매우 불행한 국민이다. 그것이 현실이다. 그럼에도 불구하고 정신 나간 지도자들이 마치 종전된 것처럼 국민을 호도하고 주적 개념조차 없애 버리려 한 어리석음을 범했음은 그야말로 통탄할 일인 것이다. 제발 그것이 아니라는 그들의 변명이 진실이었으면 좋겠다.

　수도 서울에서 1시간도 남짓 거리에 휴전선을 이고 있는 우리 대한민국의 현실을 직시해야 할 지도자들의 방만한 생각은 위험천만한 것을 넘어서 우리 국민의 생명을 거의 포기하는 수준이라 할만하다. 휴전선을 머리에 이고 앉은 우리에게 북은 핵을 가지고 위협하고 있는데 우리는 무조건 양보해 주면 통일이 될 것처럼 국민을 호도했던 일들에 대해 분명한 이유와 잘못에 대한 인정과 사과를 듣고 싶다. 그래야 그런 어리석음이 재발되지 않을 것이기 때문이다.

　이런 것들을 지적하면 북풍몰이 한다고 덤비는 일부 지도자들의 어리석음에 깊은 우려의 시선을 감출 수 없는 것이 솔직한 심정이다. 통일은 반드시 이루어져야 하고 지금도 늦었다. 하루빨리 이루어져야 한다. 통일의 궁극적 목표는 통일 자체가 아니라 국민의 삶의 질 향상과 국익의 증진이다.

　분단 77년 동안 남북의 생활을 볼 때 북한의 빈곤이 너무 극명하게 보이는데 그 원인에 대한 냉철한 판단을 내린 후에 우리가 어떻게 통일해야 국민의 삶의 질이 향상될 것인가 냉철하고 솔직하게 판단해서 결정해야 한다.

　극단적으로 말하면 통일이 늦어지더라도 그런 통일이 될 때까지 기다릴 수밖에 없다고 생각한다. 통일을 원하면 북핵부터 이 땅에서 사라져야 한다. 그것이 통일 기반 조성의 첫걸음이라 생각된다. 동족이다 무어다 하면서 갖은 사탕발림 같은 말을 늘어놓으면서 가공할 파괴력의 핵을 갖고 수시로 위협의 말 폭탄을 쏟아내는 이런 현실에서는 통일이 논의조차 될 수 없는 일이 아닌가 한다.

분단의 희생자 1세대가 점점 줄어들고 있다. 100세 시대가 되어 아직 그들이 조금 살아남았는데 이제 얼마 못 가서 그들이 거의 세상을 떠날 것이다. 이산의 아픔도 통일의 절박함도 결이 많이 달라질 수밖에 없는 현실이 다가오고 있다. 이럴 때 우리는 통일 기반의 여건 조성의 전제 조건이라 할 수 있는 북핵의 전면 포기를 갈망하는 것이다. 그런 획기적인 조치 없이는 통일의 여건 조성조차 거의 불가능할 것이다.

민족의 장래와 국익을 위해 북이 통 큰 결단을 하기 바라며 그 시기는 바로 지금이라 생각한다. 통일은 반드시 이루어져야 하지만 우리는 우리의 자유와 평화를 양보하거나 포기할 수는 절대로 없다. 어떻게 이루어 놓은 오늘의 금자탑인데….

2022. 8. 10.

국민은 어떤 대통령을 원하는가?

　민주주의 국가에 있어서의 대통령은 어떤 존재여야 하는가? 헌법의 기초 위에서 국민이 위임한 국가 살림을 총괄하고 나라를 발전시켜서 국민의 삶의 질을 높여주는 대통령이면 충분할 것 같다. 그야말로 더도 덜도 말고 국민이 마음 놓고 편안히 살면서 배부르고 등 따듯하면 되는 것 아닌가 싶다. 우리는 1948년 건국 때부터 잠시의 내각제 총리 1명과 11명의 대통령, 모두 합해 12명의 국가 수장을 경험했다. 1명은 임기 중이다. 그 여러 대통령들에 대한 공과에 대해 의견이 분분하지만 오늘 이 시점 역시 나라의 운명이 걱정되고 대통령에 거는 기대가 지대하다.
　내년 3월이면 우리는 새 대통령을 우리 손으로 뽑아 세우게 된다. 과연 국민이 원하는 대통령은 어떤 사람일까? 이 엄중한 시기에 특정인 누구를 딱 집어서 얘기하는 것은 안 되는 일이지만 대통령이라는 직분의 사람이 어떠한 사람이면 좋겠다는 생각은 모두들 가슴속에 품고 있을 것이다. 과연 나는 어떤 대통령을 원하고 있는 것인가 곰곰이 생각해 본다.

대략 다음과 같은 사람이었으면 좋겠다.

대통령이 지녀야 할 덕목

첫째, 애민정신

모든 일의 중심에 국민이 있어야 하고 일의 우선순위에 국민이 첫 번째 고려 대상이어야 한다.

둘째, 자유민주주의 수호

헌법을 준수하는 민주적 기본소양이 몸에 밴 사람으로서 자유민주주의를 수호할 수 있는 사람.

셋째, 시장경제를 중심으로 한 경제정책을 시행함으로써 자본주의를 근간으로 한 우리의 헌법을 훼손하지 않을 소양의 사람.

넷째, 통일정책에 있어 본인의 소신이 아니라 대한민국 국민의 안위와 복리를 먼저 생각하는 사람. 자유민주주의와 시장경제를 전제로 한 통일을 원칙으로 하며 북핵의 완전폐기를 우선으로 생각하는 사람.

다섯째, 교육정책에 있어 수월성을 비롯한 다양한 교육의 목표를 달성할 수 있는 균형감각을 갖고 인재를 키울 수 있는 객관적인 교육정책을 펼 수 있는 사람.

여섯째, 인사정책에 있어 내 사람 여부가 아닌 능력과 경륜이 그 일에 합당한지가 기준이 되어 적재적소에 인재를 고루 배치하고 미래 대한민국의 주춧돌을 키워낼 수 있는 사람.

일곱째, 문화정책에 있어 대한민국의 정체성을 살려나가고 국력을 신장시킬 수 있는 원동력이 문화발전임을 알고 그렇게 실천해나갈 의지와 소양이 있는 사람.

여덟째, 복지 정책에 있어 우리나라의 현실에 맞는 건전한 수준의 합리적 복지를 근간으로 하되 국민의 입장에서 설계된 복지를 펼 의지와 용기가 있는 사람.

아홉째, 한미동맹을 더욱 공고히 하고 국제정세를 통찰하며 유연한 외교력을 발휘할 수 있는 사람.

열째, 국민을 편 가르지 말고 화합과 단결로 국력을 강화시킬 수 있고 국민이 흔쾌히 따라갈 수 있는 능력의 지도자. 강요하는 충성이 아니라 국가에 대한 충성심이 절로 밀고 올라오는 국민이 될 수 있도록 나라를 끌고 갈 수 있는 지도자.

사리사욕 없이 오직 국가에 대한 충성심과 국민을 존중하고 사랑하는 품성의 사람으로서 정직하고 양심 있는 사람이어야 한다. 약속을 지키고 진정한 공정과 정의를 구현할 수 있는 사람이어야 한다.

이 외에도 수없이 많은 덕목이 있겠지만 이런 정도의 근본이 갖추어진 사람이 대통령이 되고 그 정신 대로 실천한다면 분명 우리는 발전하고 성숙된 나라에서 품위 있는 국민으로 살아갈 수 있을 것 같다. 그렇게 여러 가지를 너는 할 수 있겠느냐고 묻는다면 그렇지 못하니까 출사표를 던지지 않고 표만 찍겠다는 것 아니겠느냐는 것이 대답이다. 최소한 한 나라를 책임지겠다는 사람은 범상치 않은 데가 많아야 하는 것 아니겠는가? 아니 부족한 부분이 있다면 부단히 채워가며 성실하게 약속을 지켜나가는 정직성을 보여야 한다.

 더 이상 국론이 심각하게 분열되는 이런 상황만큼은 종지부를 찍을 수 있는 리더십을 가진 대통령을 뽑아야 한다. 북핵을 머리에 이고 안보가 심히 염려되는 이런 상황은 종지부를 찍어야 한다. 카불 공항의 아비규환 장면을 보면서 6·25의 악몽을 떠올리는 것이 늙은이들의 망령이 결코 아님을 제발 명심하고 제대로 대통령을 잘 뽑아야 한다. 지금 나서서 출사표를 던진 누구라도 좋다. 국민이 보기에 나라를 잘 지켜 줄 사람이면 족하다.

2021. 9. 2.

앞날을 누가 알아

　앞날을 안다면 부자 안 될 사람, 실패할 사람 누가 있으랴. 어차피 모르기에 나름대로 최선을 다해서 살아가는 것이 인생살이가 아니겠는가 싶다. 요즘 부동산이 널을 뛰는 바람에 울고 웃는 사람들로 넘쳐난다. 약 1년여 전에 똑같은 돈을 갖고 있던 사람들이 그야말로 순간의 선택에 따라 운명이 갈려 버리는 경험을 했다. 3억에서 5억 정도의 돈을 갖고 있지만 집값이 내릴 것 같다는 쪽에 무게를 둔 사람들은 그대로 있었고 아무래도 심상치 않다고 생각한 사람들은 집을 샀다. 작은 연립이나 오래된 아파트를 갖고 있던 사람들도 마찬가지였다. 빨리 사는 집을 팔고 융자를 끌어들여서라도 새 아파트나 아주 작은 아파트를 마련한 사람들과 그렇지 못한 사람들로 나뉘었다. 1년이 채 지나기 전에 두 부류의 운명은 극명하게 갈라지고 말았다. 세칭 벼락거지라는 해괴한 낱말이 언론에 장식되었으니 긴말하고 싶지도 않다.

조카가 때를 놓쳐 집 마련을 못한 채 그야말로 벼락을 맞은 격이 되어 뒤늦게 집을 좀 보러 다니다가 많은 경험을 하고 놀라는 일이 한두 가지가 아니다. 집값 움직임이 아무래도 심상치가 않아 허술하고 살기 힘들겠지만 개발되지 않고 있는 묵은 동네 중에서 교통이 좋은 곳을 찾아가 집을 보러 다녔다. 그러던 중 국토부에서 발표일 이후에 매입한 부동산의 경우는 만약 그 지역이 공공개발 대상지역이 되면 매입 당시 가격으로만 보상한다는 발표가 나왔다. 그 말을 믿고 불안해서 포기했더니 나중에 알고 보니 거센 반대에 부딪히자 얼마간의 유예기간을 발표했다는데 그것은 크게 보도되지 않아서 잘 모르고 있었다. 후에 부동산에 다녀보니 그 잠시의 기간 동안에 많은 사람이 몰려와 그야말로 묻지마 구매를 해 버리는 바람에 가격은 폭등하고 물건은 씨가 말랐다는 것이 아닌가?

긴말할 것 없이 조카와 나는 한목소리로 자위했다. 그래 부자 욕할 것 없다. 다 돈을 버는 사람에게는 그 나름대로의 장점이 있는데 우리는 그 장점을 못 갖고 있는 것뿐이다. 순발력과 정확한 판단력 그리고 부지런함과 결단력이다. 우리는 항상 집을 보고 바로 결정하지 못하고 생각하다가 다 놓치고 마는 어리석음을 반복해서 범하고 있다는 것을 깨달았다. 이미 물 건너간 후였다. 앞일을 모르기는 마찬가지지만 그에 대처하는 방식과 생각이 운명을 가르는 것 같다. 누구를 탓하랴 자신의 미욱함을 탓할 수밖에.

어차피 모르는 앞날을 헤쳐가려면 이제라도 어지간한 일에는 손을 빨리 뗄 줄 아는 연습도 해야겠고 마음을 비우는 훈련도 해야겠다. 돈 버는 재주가 있는 사람을 존경까지는 아니더라도 흰 눈으로 보지는 말아야겠다. 그나저나 조카에게 알맞은 집이 주어지도록 집값이 안정되거나 공급이 획기적으로 확대되어 분양경쟁률이 없어지는 기적이 일어났으면 좋겠다. 그 앞날 역시 누가 알랴.

2021. 12. 19.

4

야릇한 그리움

손때

 오랫동안 곁에 있으면서 미운 정 고운 정 다 든 물건에 묻어 있는 흔적을 손때라고 부르는 것 아닐까? 찬장을 열면 딸아이가 사다 놓은 새 그릇들과 반세기가 넘도록 주방을 함께 지켜준 구식 그릇들이 정답게 앉아 있다. 그 모양새가 딸의 눈에는 어울리지 않고 구질구질해 보여서 눈살을 찌푸리게 되는 모양이다. 옛날 그릇 좀 내다 버리라는 성화에 2년 전 이사 때 눈물을 머금고 처녀 때부터 우유를 따라 먹던 머그잔을 버렸다. 물건에 대한 물질적 욕심으로 못 버린다고 핀잔을 하지만 그 잔 하나에 묻은 어미의 손때를 40대의 그 아이가 아직 알 리 없으니 어찌하랴. 젊은 그 시절의 심정도 이해해야 하니 양보할 수밖에. 이제 내 시대는 끝났다를 수없이 삼키면서 눈 딱 감고 버렸다.
 이번에는 저번 이사 온 후, 한 번도 안 쓴 그릇은 모두 버리라는 게 딸의 제안이다. 이건 비싸게 산 크리스털 잔인데, 이건 어디 여행 때 마음먹고 사 온 것인데, 나름의 추억과 사연이 담긴 그릇들을 무조건 버리고 가자니 난감한 일이다. 하기야 서로 부딪칠 정도로 빼곡하게 넣어서 꺼내 쓰기도 힘드니 할 말은 없다. 한쪽의 그릇 세트를 보면서는 이건 이건 하고 말문을 못 여는데 아이가 냉큼 받아친다. 으응 나 보낼 때 주려고 샀다고요? 그런 것 미리 사두면 더 못 가는 것 알지? 하면서 속을 지른다.

아이들 이유식 추억, 남편 밥 해 줄 때 추억, 시부모 생각, 힘들 때 안 산다고 내팽치고 싶었던 사연, 말로 다 이어가기 어려울 정도로 숱하게 많은 사연들을 고스란히 담고 있는 그릇들을 어째서 못 버리는지 알 때가 되면 아마 내가 그 아이 곁에 없을 것이다. 그저 구닥다리 그릇일 뿐이겠지만 어미에게는 보는 것만으로도 그 시절이 그리워지는 그 손때를 어찌하라고 마냥 버리자는 것인지.

40년이 된 옷장을 멀쩡한데 버리란다. 옷장을 열고 남편 넥타이 고르던 일, 양복 챙겨 주던 일, 출근하는 남편 등을 바라보며 무한히 행복했던 그 시절을 알 리 없으니 그저 구질구질해 보인다는 죄목으로만 버려질 운명에 처한 것이다. 그 심정을 알기나 하냐고 푸념을 하자니 시집도 안 간 것이 가엾어서 그럴 수도 없다.

책들도 사연이 있고 아직도 찾아봐야 할 것들이 많은데 무조건 버리라니 기가 막힐 노릇이다. 저자 사인이 잉크도 마르지 않은 것처럼 말짱한데 둘 곳이 없다고 버리자니 할 말이 없다. 수상기념품, 상패, 기념패 등 많기도 하다. 그것이 없어진다고 해서 무슨 큰 변화가 있느냐고 반문한다. 그거야 그렇다 치더라도 책들은 정말 버리기가 난감하다. 내 지식의 보고로서의 추억 외에 아직도 자료의 원천이 아니던가. 문인들로부터 받은 사인 된 저서들을 버리자니 황당하고 참으로 기막히다. 글벗들께 미안한 마음을 무어라 표현하기 힘들다.
　에라 모르겠다. 어차피 머지않아 위에서 부르시면 손때 묻은 세상을 통째로 남겨두고 황황히 떠날 건데 무슨 미련이 그리도 많은 것이냐. 이삿짐센터 사람들이 들이닥치고 부나비같이 움직이며 짐을 꾸리는데 금세 짐덩어리가 돼 버린 어미를 아들이 차에 태워 어디론가 달려간다. 한참 후 내린 곳은 교외의 아름다운 정원이었다. 그래 마음대로 버려라, 이제 네 손때도 만만찮게 묻었을 테니 묵은 때는 지워야겠지. 멋진 카페에서 하루를 보내고 돌아온 집은 낯설기 그지없다.
　손때가 이렇게 만만하고 아늑한 것인지 미리 좀 알았더라면 좋았을 것을.

2021. 4. 17.

기도

하나님 아버지.

저를 이 땅에 보내 주신 천지의 창조주시여 오늘도 모든 영광을 홀로 받으시옵소서. 저는 지금 아버지의 예정에 따라 머릿속에 생긴 비정상적인 것들을 치료하기 위해 입원합니다. 예전 같으면 미리 알 수조차 없고 안다 해도 치료 방법이 거의 없어 그대로 방치할 수밖에 없었던 엄청난 일들이었지만 아버지의 덕택으로 발전한 의술 덕에 수술 아닌 시술로서 내시경으로 한답니다.

처음에 낙담했다가 머리를 열지 않고 시술로 한다는 말에 희색이 만면해졌습니다. 이제 80이 내일모레이니 아버지가 부르시면 언제라도 기쁘게 달려갈 테니 험하게만 데려가지 마시라는 기도를 입에 달고 살았는데 막상 죽을지도 모른다는 생각에 이르자 뒤숭숭했습니다. 하지만 재작년에 뇌동맥 의증이라는 진단을 받았을 때처럼 충격을 받지는 않았습니다. 그때는 정말 앞이 캄캄해졌습니다.

이렇게 허망하게 가는 것이구나, 그것보다도 인터넷을 뒤져 보니 갑자기 핏줄이 터지면 그냥 죽음에 이르는 것이라니 무서워서 견딜 수가 없었습니다. 다행히 세브란스 병원에 갔을 때 2년을 관찰해 보자는 말을 듣는 순간 2년은 산다는 말이로구나 싶으면서 갑자기 세상이 밝아졌습니다. 그때도 저는 오직 하나님께 모든 것을 맡긴다는 기도는 열심히 했습니다만 마음이 평안하지는 못했습니다.

그런데 아버지 하나님 저는 아무것도 한 일이 없는데 아버지께서는 어찌 이 못난 딸을 이다지도 사랑하셔서 기쁨으로 이번 일을 받아들일 수 있게 하시는지요? 입에 발린 소리가 아니라 제가 의심될 정도로 마음이 평안하고 아버지께 온전히 맡기면서 그대로 순종할 것이며 이래도 저래도 다 좋습니다. 아버지 뜻대로 하옵소서, 살든지 죽든지 다 좋습니다. 다만 이렇게 온전히 맡기고 순종하는 믿음만 제게서 거두어 가지 마옵소서가 제 심정입니다. 제가 제 자신이 이상하게 느껴질 정도입니다.

주변을 좀 정리하려 했는데 무엇부터 해야 할지 엄두가 안 나서 음식들 좀 정리하고 마늘을 다 까서 갈아가지고 비닐에 싸서 켜켜이 얼려 놓았습니다. 글벗이 몸에 좋다는 유황마늘을 1접 보내왔는데 그냥 두고 가면 썩혀 버릴 것 같아서 그 일부터 했습니다. 글벗의 사랑에 대한 예의였습니다. 그리고는 관계하는 일들에 관한 아이디어나 처리할 일들을 부지런히 적어 보내거나 저장해 두었습니다. 컴퓨터에서 가져갈 수 있도록 해놓았습니다. 아이들에게 편지를 쓰려 하니 도무지 말문이 열리지 않아 포기했습니다.

　입으로는 다 따라가겠다고 하면서도 퇴원해서 멀쩡하게 살아갈 것 같은 마음과 소망이 더 큰 것이지요. 어떤 것이 주님 뜻에 잘 따르는 것인지 잘 모르겠습니다. 기도하고 매달리라 하신 말씀을 따라 살려주시라고 매달리는 것이 옳은 길인지, 순종이 제사보다 낫다 하셨으니 모든 것을 맡깁니다 하고 일찍 포기하는 체념이 더 옳은 것인지 말입니다.

　아이들이 입원하기 전에 얼굴 본다고 왔습니다. 기도 다 못하고 마쳐야 할까 봅니다. 아버지 하나님 제가 이 기도를 이어갈 수 있도록 도와주시고 간증할 수 있게 살려 주세요. 아이들의 웃음소리를 더 좀 듣고 싶습니다. 아무 공로 없사오나 우리를 구원하신 주 예수 그리스도의 이름으로 기도합니다.

2020. 8. 9.

남겨진 것에 대한 감사

아차 하는 순간 미끄러져서 다리를 다쳤다. 졸지에 이불 보따리 신세가 되었다. 다친 왼 다리는 쓸 수가 없으니 오른발 하나로만 땅을 딛고 온몸을 누군가에게 온전히 의지해야만 한 발짝이라도 움직일 수가 있었다. 암담했지만 순간 이러기가 얼마나 다행인가 싶은 생각이 먼저 밀고 올라온다. 허리, 고관절, 늑골, 머리, 팔, 다치지 않은 곳들이 떠오르며 감사가 저절로 입에 걸렸다.

비로소 남겨 주신 것들에 대한 감사로 경건해지기 시작했다. 고난 중에 기도하고 감사한다는 귀한 체험을 하게 되었다. 수술을 하고 실밥을 뽑고 통깁스를 하고 1달 후 진료를 예약하고 집에 와서 워카라는 것에 몸을 의지해서 겨우 화장실 출입을 혼자 할 정도의 상태에서 기약 없는 요양이 시작되었다.

아이들에게 폐를 끼치지 않고 살다 가게 해 주시라던 평소의

기도가 가장 염려했던 일이 현실이 되는 것으로 나타났다. 하지만 계속 실실 웃어가며 감사만 노래하며 지낸다. 믿지 않는 사람들이 광신자라 해도 좋다. 하마터면 어쩔 뻔했나 하는데 생각이 미치면 손사래를 치며 상상도 하지 않을래요를 연발하며 감사합니다만 되뇌며 누워있다.

  내가 한 일 중에 예수님 믿기를 제일 잘한 일이라 고백하며 기쁘게 지내고 있다. 다같이 늙어가는 친구들에게 이 더위에 웬 짜증나는 얘기로 심란하게 하느냐고 꾸짖을지 모르지만 모두 더 조심하자는 경각심을 불러일으키고자 하는 우정으로 이 글을 쓰고 있다. 이제 걸을 때 그냥 조심 수준이 아니라 발을 밀다시피 걷는 정도의 조심을 해야 할 때가 됐음을 인정하고 받아들여야겠다는 생각을 전하고 싶다. 백세 시대에 취해 자칫 방심할 일이 아니다. 나이가 숫자에 불과한 것이 아니고 우리가 건강의 축복을 받은 것이니 겸손하게 조심, 또 조심해서 사는 날 동안 건강하고 즐겁게 살아 볼 일이다. 참고 읽어주신 벗님들 고맙소이다. 더운 여름 조심해서 잘들 지내십시다. 저를 위해서는 귀한 기도들만 해 주시기 바랍니다. 염치없는 부탁드녀 미안합니다. 고맙습니다.

2022. 6. 15.

행복한 계를 타고 싶다

계 탄 기분이시죠? 엘리베이터 문이 닫히기 직전에 슬라이딩 하다시피 턱걸이 승차에 성공한 노인에게 소곤대듯 말하면 유쾌하게 같이 웃는다. 지하철의 노약자용 승강기에서 자주 보던 풍경이다. 그런 주인공이기도 했던 때가 엊그제 같은데 이제 그마저 추억이 되고 말 것 같다. 아직 문이 닫히지 않은 승강기 문을 보면 반사적으로 뛰어 들어가던 것도 이제 내 몫이 아니다. 그런 일조차 이젠 만용에 속하게 됐다. 아예 마음을 비우고 다음 것 타지 뭐 하면서 느긋하게 걸어갈 수 있게 되었다. 갑자기 교양있어져서가 아니라 몸이 못 따라가니 자연스레 점잖아진 것이다.

계 탄 기분이라는 얘기를 알아듣는 사람도 이제 얼마 남지 않았을 것이다. 계라는 것이 70년대 후반부터 퇴조되기 시작해서 80년대 중반쯤에는 거의 사라지지 않았나 모르겠다. 은행의 적금대출이 수월해지면서 사양길에 든 계는 슬며시 자취를 감춘 지 오래다. 일종의 사금융이라고도 할 수 있는 계는 우리 전통 속에 상부계 같은 것으로 오랫동안 함께 해온 상부상조 방식의 일종이라 할 수 있다. 서로 조금씩 매달 돈을 적립하고 한 사람씩 목돈을 타가서 유용하게 쓰던 계는 계 타는 날의 기대와 기분이 대단히 흡족한 것이어서 아주 만족한 일을 당했을 때와 운이 아주 좋다는 의미로 계 탔다는 표현을 써 왔다.

계를 해서 애들 학비도 대고 작은 장사 자금도 마련했던 우리 세대로서는 아주 자연스럽게 계 탄 기분이라는 말들을 쓰면서 살아왔다. 생각해보면 얼마나 웃기는 일인가? 막 떠나려는 승강기 하나 마지막에 탄 것이 무에 그리 큰일이라고 계 탄 기분이라는 비유를 쓰면서 기뻐한단 말인가? 우리는 그래도 그 묘미를 안다. 생각해 보면 사람은 참 별것 아닌 일에서 소소한 재미를 느끼며 즐거워하는 속성을 지니고 있다. 큰일만이 아니라 아주 작은 일에서 웃음을 자아내고 마음을 열고 파안대소하는 순수한 존재가 바로 사람이다.

이제 그 말을 알아들을 사람들도 거의 사라져 가고 있다. 몸 또한 계 탄 기분을 느낄 기회를 보고도 포기해야 하는 처지에 다다른 것이다. 순발력이나 민첩함 하고는 거리가 멀게 됐으니 굼뜨게 행동하고 한발 나중에 가는 지혜로 무장해야 몸을 그나마 지탱할 수 있는 현실을 직시하고 순리에 따라야 한다.

아들이 말을 겨우 하기 시작한 서너 살 때로 기억된다. 무언가를 생각하느라 심각하게 앉아 있었던 모양이다. 꽤는 골똘하게 생각하는 사람 같아 보였던가 보다. 저만치서 놀던 아이가 갑자기 다가와서 어깨를 감싸 안더니 하는 말에 기가 막혔다. '엄마 내가 빨리 커서 엄마 곗돈 많이 갖다 줄게' 하는 것이 아닌가? 안쓰럽다는 듯이 아이는 내 볼에 제 뺨을 묻고 한참을 비벼댔다. 순간 눈물을 아이에게 들킬까 봐 목울대가 아리도록 참았던 그날이 뼈저리게 그립다. 어미가 아이 가슴에 그늘을 만들어 주었다는 죄책감에 혼자서 얼마나 울었는지 모른다. 전화하는 소리들을 듣다가 얼마나 여러 번 반복해서 들은 소리가 곗돈 걱정이었으면 아이가 그런 말을 했겠는가 싶어 애꿎은 남편에게만 원망을 쏟아내며 울었다.

1970년대 초 그 무렵까지만 해도 이웃끼리 월급날이 먼저인 집에 가서 1주일 정도씩 서로 돈을 빌려다가 급할 때 쓰고 며칠 후 월급날 갚기도 하는 것이 자연스러운 풍속도 중의 하나였다. 은행 문턱은 높은 정도가 아니라 서민들에게는 아예 그림의 떡이었다. 그야말로 저축하는 사람 따로 있고 은행 돈 빌려 쓰는 사람은 따로 정해 있는 것 같은 시절이었다.

이제 아이들 등록금을 위해 계 타기를 기다려야 할 일도 없고 갈급한 생계 때문에 미처 준비 못한 곗돈 때문에 마음 졸여야 할 일도 다 지나갔으니 애타던 젊은 날이 새삼 그리워진다.

적금을 하기는 해도 만기일이 크게 관심에 없고 그저 버릇대로 하는 한 가지 일상일 뿐이다. 그래도 이번 적금을 타면 손녀의 입학 선물을 주기로 마음먹고 있으니 아이가 좋은 학교에 무난히 합격하기만 바랄 뿐이다. 그야말로 행복한 계를 타고 싶다.

2022. 8. 5.

야릇한 그리움

　어머니 아버지 지금 제가 보이시나요?
　오늘은 기분이 참 묘합니다. 어머니가 저를 두고 훌훌히 세상을 버리신 것이 내일이니 오늘이 기일입니다. 그 음력 8월 9일이 올해는 공교롭게도 아버지를 빼앗긴 양력 9월 4일과 겹쳤습니다. 어머니 가신 지 거의 반세기만에 처음 있는 일입니다. 아버지가 납북된 지 72년이 되었으니 어머니가 120살이 되신 겁니다.
　부모님 앞에서 할 소리는 아니겠지만 사람이 늙으면 감정이 무디어진다는 말이 맞기도 한 모양입니다. 오늘은 이상하게 그리움이 타는 노을빛도 아니고, 송곳처럼 뾰족해서 가슴을 찌르지도 않습니다. 야릇하다는 표현이 아마 가까운 말이 아닐까 싶습니다.
　옛집 자리에 가 보고 싶었는데 제가 다리를 다쳐 보행이 부자유스러워 그것마저 포기해야 했습니다. 아버지 따라가던 남산 산책길도 더듬어 보고 싶었는데 그것 또한 단념했지요. 인민군에게 끌려가시는 아버지를 기막히게 바라보던 열 살 계집아이도, 홀연히 떠나는 어머니를 배신감에 떨며 울부짖던 스물여덟 노처녀도 다 간 곳 없이 그때 부모님 연세보다 사반세기나 더 살아온 팔순의 노파가 어설픈 옛 추억을 더듬고 있습니다.

어머니, 아버지 만나서 좋으시지요? 아버지, 어머니 만나서 좋으셨어요? 제 짝도 그곳으로 떠난 지가 열두 해인데 만나셨는지 모르겠습니다. 얼굴 몰라 못 만나신 것은 아니겠지요? 아낙으로 그리 후한 점수 받기는 어려운 사람 배필로 사느라고 힘들었을 테니 위로나 좀 해 주시지 그러셨어요.

저는 두 분께서 원하던 만큼 이루어내지 못하고 그저 그렇게 살다 늙었습니다. 이제 하나님께서 부르시면 언제라도 뛰어 들어갈 준비가 되어있답니다. 잘한 것이 있다면 독신주의 버리고 혼인해서 아들 딸 남매를 두어 손자녀 고루 둔 그 일입니다. 그보다 더 잘한 일은 하나님을 믿어 구원의 반열에 드는 은총을 받은 것이고요.

아직도 허리 잘린 조국이 걱정이지 언제 떠나도 미련은 없습니다. 어머니 아버지 그리워서 하늘 찌를 듯하게 불태우던 북에 대한 증오심도 무디어졌나 봅니다. 북녘 동포가 불쌍하기만 해서 기도합니다. 저들을 하루속히 구원해 주시라고요. 늙는 것도 괜찮다는 생각을 가끔 한답니다. 이렇게 무디어진 자신을 발견하고서 말입니다.

 오늘 이 희한한 날에 누군가와 밥이라도 같이 먹고 수다 떨고 싶었는데 제가 보행이 부자유스러워 그 또한 접었습니다. 애들하고 하지 그랬냐고요. 애들은 어머니 아버지 두 분 다 얼굴을 모르니 감각이 없습니다. 죄송합니다. 그것이 진실입니다. 서운해하시지 마십시오.

 뒤 창으로 보이는 북한산에 노을이 곱게 걸렸습니다. 그렇게라도 위로 받으라는 선물인가 싶습니다. 그곳에서 편안히 잘들 지내십시오. 저도 이제 즐겁게 두 분을 추억하며 살아가도록 애써 보겠습니다. 희한한 날에 야릇한 그리움을 한가득 담아 보냅니다.

2022. 9. 4.

언 빨래

　장마철이라 빨래가 잘 마르지 않는다. 건조기에다 넣어서 금세 말리는 경우가 많아졌지만 아직 건조기는 사지 않아서 그냥 말리려니 오래 걸린다. 사람의 손으로 짜는 것과는 비교가 안 될 정도로 탈수되어 나오는 빨래는 절반은 이미 마른 상태나 다름없다. 세상일에 억지로 되는 일 없고 매사 순리보다 더 정답은 없다. 하찮은 빨래 말리는 일 하나에도 그런 진리는 여전히 통했다. 예전에는 겨울에 빨래를 줄에 널어놓으면 버쩍 얼어서 딱딱하게 굳어진다. 이 때 서툴게 다루다가는 순식간에 옷을 완전히 못쓰게 만들어 버리는 경우가 비일비재했다. 어른들이 어린애들에게 줄에 걸린 빨래를 못 만지게 하는 것이 그런 이유였다.
　빨래가 얼었으면 그대로 만지지 말고 널어 두어야 한다. 시간이 지나면 얼었던 빨래가 어느새 말라 있는 것을 발견하게

161

된다. 겨울 햇살이 약한데도 시나브로 말라 있는 것을 보면 신기한 생각이 들기도 했다. 얼었을 때 잘못 건드리면 그대로 부러지면서 옷이 다 찢어져 버린다. 순리가 정답임을 보여주는 극명한 예가 아닌가 싶다. 세상사 모두가 이와 같은데 그것을 모르고 산다.

    부부가 한창 감정이 맞서 있을 때 한 사람이 슬그머니 물러나 앉으면 아무 일 없이 끝날 것을 끝까지 맞서다 보면 고성이 오가고 큰 싸움으로 번진다. 지나고 나서 생각하면 그렇게 해서 좋게 해결되거나 발전한 것은 아무것도 없다. 어차피 안 될 일은 안 되었고 될 일은 되어 있는 게 세상사다. 지나고 생각하니 젊은 날 그렇게도 죽을 듯이 싸웠던 일들이 꼭 그래야 될 일들은 별로 없는 것 같아서 하는 말이다. 지금 생각하면 그 이유들도 잘 모르는 일들로 온 세상을 다 걸듯 싸웠으니 말이다. 잘 살아보자는 일념에서 한 일들이니 후회하지 말아야 할지 모르지만 답은 정반대다. 그냥 참고 지나갔으면 더 행복하게 젊은 날을 보냈을 것 같다. 사람은 절대 바꿔지지 않는데 서로 상대를 자기와 맞게 바꾸겠다고 아우성쳤던 게 대부분 부부싸움의 이유였던 것 같다. 어차피 안 바뀌질 건데 그냥 이해하고 내가 맞춰주면서 살았으면 아이들 정서 불안도 덜어 주었으련만 후회막급이다.

    제 아이들이 하는 행동이나 생각이 저희들 보기에 걱정스럽다고 아들 며느리가 걱정을 한다. 들어보니 양쪽 말이 다 맞다. 아이들은 아이들대로 자기 스타일이 있고 부모들은 나름대로 기준이 있는데 거기 못 미친다는 것이다. 언 빨래를 예로 들어 기다리고 맡기라고 했다. 자칫하다가 빨래 부러뜨리면 안 된다고. 늙는다는 것도 참 괜찮은 거라는 생각을 하면서 돌아서서 피식 웃는다. 젊었을 때 지금 저 아들이 그랬으면 이렇게 양보하고 있었겠는가? 당장 지구가 망하기나 한 것처럼 호들갑을 떨면서 고치려고 종주먹을 댔을 것이다. 할미, 그래 참 좋은 완충지대다.

일부러 줄을 매고 언 빨래의 지혜를 아이들에게 가르쳐야 할까 보다.

2022. 7. 8.

왜 귀엽기만 할까

　손녀가 고3인데 공부에 완전 몰입하지 못하는 것 같다. 그런데 왜 그런 것조차도 귀엽게만 보일까? 책임이 없어서일까? 그것만은 아닌 것 같다. 늙어서 마음이 여유로워진 것인가? 그것만도 아니다. 모르겠다. 매사에 낙천적이고 친구를 좋아하며 그들의 요구에 적극적으로 응하는 성격인 모양이다. 학업에 매달려야 할 시간에도 친구가 무슨 일이 있다고 하면 시간을 불문하고 뛰어나가는 모양이니 제 부모 속이 타는 때가 많은가 보다. 그런 푸념을 들으면서도 입이 헤벌어지며 인간성 좋은 아이라 생각되어 귀엽기만 하다.
　수능시험이 끝나고 돌아온 아이 말이 성적은 잘 안 나왔지만 제 실력에 거의 가깝게 본 것 같다고 했단다. 그러면 최선을 다한 것이니 되었다고 격려하고 전화를 끊었다. 마음이 편하진 않지만 할 수 없지 뭐 거기 맞게 가는 거지 어떻게 하겠느냐

싶어서 마음을 달래고 손녀에게 애썼다고 전화하고 힘내라고, 너는 할 수 있다고 간단하게 문자로 격려해 주었다.

논술시험을 치르느라 대학들을 찾아다니며 시험을 본다기에 아들에게만 궁금해서 물어보았다. 아들의 말이 할머니가 제일 스트레스라며 전화 받기가 겁난다고 하더란다. 아무 소리 안 하고 격려만 했는데 왜 그런지 모르겠다는 내 말에 아들의 대답이 기막히다. 엄마가 우리한테도 그랬지 않느냐, 직접적으로 공부해라, 해야 한다고 종주먹을 대지는 않으면서도 은근히 얼마나 스트레스가 컸는지 엄마만 모른다는 것이었다. 기가 막혀 어머, 어머, 어머만 되뇌는 내 귀를 때리는 말, 엄마 머릿속에는 공부를 잘해야 한다는 가치관이 너무 강하게 들어 있어서 그 자체가 스트레스로 자기들에게 덮쳐왔다는 것이 아닌가?

그래, 잘하면 제 잘나서 그런 거고 못되면 다 부모 탓이라더니 그래 그랬구나 싶어서 알았다, 그러면 네 딸을 위하는 길이 전화도 문자도 안 하고 그냥 참고 있는 거냐고 물었다. 그렇다고 서슴없이 대답하는 아들에게 알았다고 대답하고 전화를 끊는데 그야말로 젖 먹던 힘이 다 들어갔다 할 정도로 힘이 들었다. 교양이라는 게 거추장스럽게 느껴지는 순간이기도 했다. 요즘 참는데 이골이 난 줄 알았더니 아직 아니었다.

아들, 며느리, 손녀 그 누구에게도 전화 못 걸고 손가락이 근지러운 지 1주일이 지났다. 오늘도 이를 지그시 누르며 참는다.

애들하고 자존심 싸움이 아니다. 아직도 손녀가 논술고사를 보러 이 학교 저 학교 찾아다니고 아들은 충실한 기사 노릇을 하느라 바쁘기 때문이다. 점수 하나 보태 줄 수도 없는데 스트레스 받아서 될 일도 안 되게 만들어 줄 수는 없어서이다.

    내 아이들 입시 때는 열꽃이 돋았는데 지금은 멀쩡하니 할미는 할미일 뿐인가 보다. 생긋이 미소 짓는 손녀의 모습이 아른거리며 입이 벙그러진다. 하나님 알아서 인도하소서만 중얼거리며 다니는데 여전히 손녀 생각을 하면 귀엽기 그지없다. 그 아이의 든든한 버팀목인 내 아이들의 건재가 바로 이 할미의 느긋한 배짱의 근원임이 생각나며 새삼 깊은 감사의 인사를 하나님께 바친다.

2021. 11. 28.

춘향을 만나고 싶었는데

 춘향제가 열리는 날이다. 재경 남원 문협이 단체로 남원에 내려가기로 해서 신청을 했는데 몸 상태가 안 좋아 참기로 하고 멍하니 하늘만 본다. 난생처음 참석이고 이 행사 자체가 코로나 때문에 3년 만에 열리는 것이라 얼마나 설레게 기다렸는데 속상하다. 춘향은 생각만 해도 가슴 뛰고 얼굴이 발그레해지는 그런 여인이다.
 아버지는 1930년대 말엽에 남원군수를 지냈다. 그때 우리나라 독지가들에 의해 김은호 화백에게 춘향 영정 제작이 의뢰되어 이당 김은호 선생이 그 일로 남원에 왕래하게 되고 그 당시의 목민관이 아버지셨다. 그 시절 동경 유학생이었던 오빠의 회고에 의하면 이당 선생은 우리 집에서 묵으셨다 했다. 이당 선생은 회고록에서 남원을 방문하면 남원읍장이 자신을 안내했다고 적고 있다. 아마도 의전을 읍장에게 맡겼던 것 같다.

우리 문화 말살에 혈안이 되어 있던 일제 강점기의 행정가 군수가 민중의 마음속에 우상으로 자리 잡은 춘향의 선양을 위한 사업에 적극적이었다는 것은 생각만 해도 가슴 뿌듯한 일이 아닐 수 없다.

춘향 사당에 가서 이당의 춘향 영정을 볼 때마다 이런 연유로 해서 마치 아버지를 만나는 듯한 기쁨이 일곤 했다. 그 당시 춘향 영정 제작에 관한 이야기는 이당의 자서전을 참고로 해서 작고한 남원시 문화계장 최동열 선생이 남원시 역사자료에 소상하게 기록해 놓은 것으로 알고 있다.

아버지는 6·25전쟁 때 북괴군에 납북되어 가신 후 일자 소식을 모른 채 100세를 넘기신 지 20년이 지났다. 사람의 인연은 참 묘한 것이다. 1960년대 초 고종사촌 오빠가 남원군수로 부임해서 그동안 침체했던 춘향제를 복원해 내고 오늘의 큰 축제로 만드는 밑거름을 만들었다. 어린 시절 외갓집에 가면 자신의 외삼촌인 아버지가 춘향 사당 등을 돌보던 기억이 나서 복원했노라는 회고를 듣고 얼마나 고마웠는지 모른다. 우리 아버지를 기억하고 큰일을 했다는 것이 말할 수 없이 고맙고 얼마나 가슴 떨리는 일이었는지 모른다.

얼마 전에는 춘향을 선양하겠다는 일념을 가진 최순호 기자가 남원시의 자료들에서 아버지의 이야기를 읽고 연락이 되어 내가 미처 몰랐던 아버지에 대한 자료도 전해 주고 교유하게 되어 또 한 번 아버지를 가슴으로 울어야 했다. 이런저런 일들로 해서 꼭 가려 했는데 주저앉아 있으려니 기가 막힌다. 딱히 어디가 쿡쿡 쑤시고 아픈 것도 아닌데 공연히 몸이 나른하고 1박2일을 견디기가 힘들 것 같아 포기한 것이라 더 마음이 뒤숭숭한 것 같다.

  80이니 이제 내 몸이라고 해서 내 마음대로 될 일이 아니라는 자각은 좋은 것인데 그 근원은 야릇한 서러움이 깔려있다. 몸에 순종해야 해, 지레 늙지마, 두 가지 생각이 지금도 싸우고 있다. 시대가 변하면서 춘향의 이미지도 많이 변하고 해석과 접근이 놀랍게 달라지고 있지만 춘향은 우리의 영원한 로망이다.

  어서 빨리 남원 문학관이 지어져서 춘향전의 문학적 가치가 진지하게 재조명되고 춘향이 미래 세대에게도 훌륭한 롤모델이 되는 여러 가지 연구가 이루어졌으면 좋겠다. 어차피 남원에 따라 내려가지는 못했으나 행사가 성공적으로 잘 진행되기 바란다. 춘향제를 부활시킨 고종사촌 오빠의 아들인 이 박사와 저녁이나 같이 먹어야겠다.

2022. 5.

한 치 걸러 두 치

　손자를 만나러 갔다. 첫 면회다. 엄청 할 말이 많을 줄 알았는데 한두 마디 하고 나니 딱히 할 말이 없다. 잘 지냈느냐, 고생이 많지, 힘들지 않니, 하는 상투적인 물음 외에 마음 놓고 말을 할 수가 없다. 많이 힘들지, 뭐 불편한 게 있느냐고 꼬치꼬치 묻자니 막상 그런 일이 있다 한들 군 부대 안의 면회실에서 그 아이가 무슨 말을 할 수 있겠는가 싶어서 더 말을 이어갈 수가 없었는지도 모른다. 그것보다는 생각보다 아이가 아주 편안해 보이고 분위기가 평화스러워 마음이 놓이고 그동안 전화도 했던 터라 오랜만에 만났지만 거리감이 없다.
　약속시간을 잘못 알아서 제 부모보다 1시간이나 일찍 온 할미를 위해 서둘러 나와 마주앉은 손자는 쳐다보기만 해도 흐뭇해서 그저 입만 헤벌어진다. 공연히 손만 붙잡고 쓰다듬으며 고모도 잘 있다, 오늘 일이 바빠서 함께 못 왔다, 할미는 건강하게 잘 지내고 여전히 분주하게 일하며 지낸다, 등등 횡설수설하느라 애를 먹고 있는데 며느리가 왔다. 제 엄마를 본 손자의 얼굴이 갑자기 다른 사람으로 변한다. 활짝 웃는 얼굴은 금세 활짝 핀 한 송이 장미다. 그동안 군기가 팍 들어간, 경직된 모습은 온데간데없이 사라지고 봄바람이 분다. 그야말로 훈풍이 이런 것이구나 싶게 분위기가 일변했다. 자리에 앉아 둘이서 손을 잡고 소곤대는 모습은 한창 사랑에 빠진 연인들 같다. 눈을 지그시 감듯 하는 손자 녀석의 능청스러운 응대는 유명 영화배우 뺨칠 정도로 은근했다. 한참을 쳐다보다가 연인들의 열애에 방해꾼이라도 되면 안 되겠다 싶어 눈길을 피해 주려니 시선을 보낼 곳이 없다. 공연히 일어나 화장실에 가서 손을 씻고 나와도 둘은 소곤대기에 여념이 없다. 아아 천륜, 그것을 누가 막으랴. 아름답고 고운 한 폭의 그림이다.

어미와 나누는 은근하고 매혹적인 눈빛, 야아 나도 저래 봤나? 내 아이에게 저래 본 기억이 안 난다. 항상 바쁘게 밖으로 돌고 집에서 보는 동안에는 먹어라 입어라 공부해라 하는 등속의 일상적 대화만 하기 일쑤였던 것 같다. 아들은 군대도 방위를 다녀와서 집에서 다녔기에 훈련기간 딱 1달, 아니 28일 떨어져 지낸 것이 고작이어서 군대 면회 같은 것은 해 볼 새가 없었다. 그러니 저런 애틋할 기회도 없었던 셈이기는 하다. 젊어질 수 없는 일이니 저런 화면의 주인공이 될 기회는 영영 없는 일이다. 한자의 좋을 호(好) 자를 만든 옛사람들의 안목이 대단하다는 생각만 가득하다.

　고개를 끄덕여 가며 눈으로 뜻을 나누는 모자를 지켜보면서 저런 아이들의 어미요 할미인 자신이 얼마나 행복한가라는 생각이 들며 그래, 그래서 한 치 걸러 두 치라 했지 않느냐는 깨달음이 살며시 가슴을 밀고 올라온다. 해가 설핏해서야 자리를 털고 일어났다. 정문 앞에서 거수경례로 배웅하는 손자의 늠름한 모습을 보면서 할미는 벌어지는 입을 주체하지 못한 채 한동안 망연히 서 있다. 할미의 말은 오직 헤벌어지는 입일 뿐이다. `

2021. 10.

5

쓸수록 어려운 글

수필은 누가 어떻게 쓰는 글일까?

1. 들어가는 말

 글을 쓴다는 일을 특별한 일로 생각하다 보니 역시 쓰는 사람도 따로 있는 것으로 착각하고 있다. 물론 문단의 인증을 받은 등단 작가가 있고 문인은 그 관문을 거치기 마련이니 글은 문인들이 쓰는 것이란 생각이 꼭 틀린 것은 아니다. 그러면 문인이 어느 날 하늘에서 뚝 떨어지는 것일까? 물론 아니다. 그 길에 접어들고자 각고의 노력 끝에 관문을 통과한다. 바로 그 최초의 글쓰기에 눈뜨는 사람들이 누구일까를 먼저 생각해 보자는 것이다.
 글은 말을 문자로 표현하는 것이라는 게 소박한 생각이다. 똑같은 사물을 보고 세상만사 우여곡절을 겪어가며 살아가는 많은 사람들 중에 유독 누군가는 그 체험을, 그 느낌을 글로 써내고 있는 것이다. 그 써내고 싶은 충동이 주체할 수 없이 계속 밀고 올라오는 사람이 글을 쓴다고 본다.

수필은 특히 자신의 체험을 바탕으로 해서 쓰는 관조의 글이기에 특히 자신의 속내를 밖으로 뿜어내지 않고는 못 배기는 절박한 사람들이 쓰는 글이 아닌가 생각한다. 그 수필을 어떻게 써야 할까 하는 문제를 잠시 살펴보기로 하겠다.

2. 수필 쓰기

수필을 쓰려면 우선 수필이 어떤 글인가를 먼저 알아야 한다. 수필은 아무나 쓰고 붓 가는 대로, 생각나는 대로 쓰고 구성과 형식이 없고 하는 등의 말을 많이 듣고 배워온 터라 그런 줄로 안다. 그 말의 깊은 뜻을 음미하지 못하고 그 표현 그대로 겉만 보고 속단해 버린 데서 오는 오류라고 생각한다. 특별히 이야기를 만들어서 쓰는 허구의 특별한 구성을 필요로 하지 않는 글이라는 뜻이고 누구나 언제나 자신의 체험에서, 일상의 일들에서 아주 소소하고 작은 일에서 꼬투리를 찾아 그 속에 인생을 담는 글이 수필이고 생각한다.

수필은 그래서 솔직해야 하고 표현이 진솔해야 감동을 준다. 독자들이 겪는 바로 그 일을 쓰는데 작가 나름의 관점으로 그 문제를 재해석하는 것을 읽음으로써 또 다른 감동을 받는 것이 수필이다.

3. 주제와 글감

수필은 이렇게 소소한 일에서 시작되기에 더욱 중요한 것이 주제이다. 주제가 확실하지 않거나 주제를 명확하게 형상화하지 못하면 그것은 체험담이나 수기 수준에 머물고 만다. 거기에 표현조차 허술하면 완전히 신변잡기로 전락하기 마련이다.

4. 발상

수필은 모든 일상을 다 쓰는 기록물이 아니라 특별한 발상이 일어났을 때 가슴을 밀고 올라오는 느낌을 참을 수 없어서 쓰는 글이다. 그렇지 않을 때 억지로 쓰면 글이 겉돌기만 하고 독자에게 아무것도 전해 주지 못한다.

5. 서두와 결말

수필은 짧은 글이어서 서두가 매우 중요하며 주제를 암시해야 한다. 결말은 서두를 충실하게 받아서 마무리하는 것이 좋다.

6. 표현과 문장

표현은 솔직해야 하고 문장은 간결해야 한다. 짧은 글 속에 문학성을 담아야 하기에 표현이 어느 문학 장르보다 아주 중요하다. 촌철살인의 표현이 주제를 형상화해야 한다.

7. 맺는말

워낙 짧은 시간의 강의라 아주 요점만 주마간산 식으로 나열한 셈이 되고 말았다. 하지만 요점을 약간 풀어서 소개하는 식으로 썼다. 소제목 하나하나가 몇 시간의 강의 분량이다. 오늘 수필이라는 궁궐의 대문 앞에서 구내 안내도의 일부를 설명 들었다고 생각하시면 과히 틀리지 않은 판단이 될 것 같다. 이런 요점을 중심으로 정진하셔서 함께 수필의 숲을 풍성하게 이루는 동지가 되어주시기 바란다.

2021. 4. 25.

쓸수록 어려운 글

　무슨 일을 열심히 해야 하고 꾸준히 연마해야 잘 할 수 있다는 교훈을 담은 예화로 한석봉 어머니의 가래떡 썰기보다 더 자주 불려나오는 예화는 드문 것 같다. 음식을 만드는 일이나 바느질을 하는 일은 자꾸 해 보고 연습을 하면 할수록 솜씨가 늘어가는 것은 당연한 결과이다. 운동선수가 연습을 거듭함으로써 실력을 착실히 쌓아간다. 일일이 예를 다 들기 어렵지만 세상만사가 쏟는 시간과 거의 정비례하여 결과물이 나오기 마련이다.
　수필을 써 온 세월이 50년이 가까워 오니 이제 붓을 들면 원하는 글 한 편 쉽게 써 내려갈 수 있어야 하는 것이 일반적인 생각일지 모른다. 요즘은 서당 개가 3년이면 글을 읽는다는 것만이 아니라 식당 개도 3년쯤 되면 라면 정도는 끓인다는 우스개가 회자된 지도 오래되었다. 사람이 시원찮아 그런지는 몰라도 한석봉의 어머니도 아니고 식당 개 수준에도 못 미치는지 글을 쓰면 쓸수록 더 겁이 나고 어려워지니 저능아가 아니면 둔재임에 틀림없다. 새 글을 시작할 때마다 떨리고 막막하기만 한 것이 자꾸 어디로 도망치고 싶어지는 것은 어인 연유일까?

어떤 글은 발상이 섬광처럼 일어나는 극적인 계기가 되어 가슴 설레며 쓰기 시작하는 경우도 있고 꽤 괜찮은 주제가 떠올라 쾌재를 부르며 신나게 자판 앞에 앉기도 한다. 그런가 하면 원고 마감 날은 빠득빠득 다가오는데 생각은 영 오리무중이어서 주제도 글감도 기억의 창고에서 끄집어내려고 안간힘을 쓰기도 한다. 억지로 발상을 일어나게 하려니 뒷골이 당길 지경인데도 첫 마디조차 꺼내지 못하는 때도 허다하다.

이 모든 경우가 결국은 의미 있는 주제 설정이 있고 그 주제에 합당한 글감이 떠올라 주어야 글을 쓰기 시작할 수 있는 것이다. 글쓰기에 왕도는 따로 존재하지 않는다. 이 양대 줄기가 정해지고 주제를 담을 크고 작은 그릇들이 동원되면서 수필의 구성이 끝난다. 누가 수필은 구성이 없다고 한단 말인가? 허구의 구성이 필요 없다는 말이지 모든 구성이 다 필요치 않고 마음대로 써 내려가기만 하면 되는 게 수필이라는 생각은 근본적으로 이루어질 수 없는 논리이다.

시는 오묘한 생각의 함축이 있어야 하고 수필은 그저 생각을 떠오르는 대로 써 내려가면 된다고 생각하기 쉬운데 아주 잘못된 착각이다. 수필은 시 못지않은 함축과 은유를 요하는 글이다. 이 부분에서 알고 나면, 많이 쓰다 보면, 깊이 들어가면 갈수록 깊은 숲속에 홀로 버려진 것처럼 항상 길 잃은 아이처럼 막막하기만 하다. 경험 많은 숙수처럼 자료만 있으면 뚝딱 한 상을 차려 낼 수 있는 게 아니고 그때마다 초보 때처럼 끙끙댄다. 반세기 가까이 수필을 썼건만 아직도 노련함에 목마르다.

후학을 위해 한마디 조언하라면 다른 이의 수필들을 많이 읽어라, 스치는 일들마다 의미를 부여하고 열심히 메모하라, 주제가 떠오르면 간단한 내용과 발상의 경위 등을 되도록 길게 기록해 두라, 살다가 감동적이거나 특이한 체험을 하거나 들으면 가던 길을 멈추고서라도 잊기 전에 기록하라, 주제를 정했으면 항상 머리에 두고 거기 걸맞는 글감을 찾아보라, 발상이 일어나면 바로 구성을 시작하라, 이런 요건들이 갖추어지면 지체 없이 생각나는 대로 우선 자판을 두드리라, 퇴고는 많이 할수록 좋다, 원고를 보내려는 그 순간에도 눈에 띄면 고쳐라, 등등 수없이 많은 말로 충고할 수 있지만 지금 말한 정도는 필수에 속하는 요점들이다.

그래 나는 이렇게 쓰는데 쓰면 쓸수록 어려운 글이 수필이다. 마치 게가 옆으로 걸으면서 자식들에게 똑바로 걸으라며 시범을 보이는 모양새와 다를 바 없는 글 한 편을 또 염치없이 내놓는다. 그래 이렇게 부족하니 사람이 아니겠는가? 어쩌면 글을 두려워할 수 있는 것이 복이 아닐까 싶기도 하다.

2021. 4. 19.

풍성한 대화의 모임을 바라며

 존경하고 사랑하는 한국의 문인 여러분 반갑습니다. 바쁘신 중에도 시간을 할애하셔서 이 자리에 왕림해 주신 한국문인협회 이광복 이사장님과 국제펜한국본부 김용재 이사장님께 심심한 감사의 인사를 올립니다. 지루한 역병 가운데서도 건강을 잘 지키시고 오늘 참석하신 한국수필문학가 동지 여러분 무고하심을 축하드립니다. 행여나 하고 기다리다가 올해도 작년처럼 행사가 늦어졌습니다.
 어려울 때일수록 더 쓸 수밖에 없는 우리 문인들, 특히 시대의 기록자인 우리 수필가들은 지난 한 해 많은 역작을 창작하고 아픔을 기록하시느라 수고 많이 하셨습니다. 오늘 그동안 애쓰신 창작 노고에 대한 치하와 격려를 담은 한국수필문학상 시상과 월간 『수필문학』의 지난 한 해 동안의 등단작가들께 등단 인증패를 드리며 환영하는 이 자리는 여러분들의 대화의 마당입니다.

벌써 32년째가 되는 이 모임을 창설하신 고 강석호 회장께서도 하늘에서 기뻐하실 줄 압니다. 존경하는 문인 여러분 많은 대화들 나누시며 회포도 푸시고 창작의 열기를 서로 주고 받으시며 더욱 발전하는 계기가 되는 하루가 되시기 바랍니다. 수상자들과 등단작가들께 거듭 축하의 인사를 드립니다.

내년 이 자리에서 더 좋은 작품으로 서로 만나시기를 바라며 건강과 문운을 기원합니다. 감사합니다.

2021. 5. 21.

해야 솟아라 희망아 솟아라

해야 솟아라, 해야 솟아라
말갛게 씻은 얼굴 고운 해야 솟아라,
산 넘어 산 넘어서 어둠을 살라먹고,
산 넘어서 밤새도록 어둠을 살라먹고
이글이글 애 띤 얼굴 고운 해야 솟아라

달빛이 싫여, 달빛이 싫여,
눈물 같은 골짜기에 달빛이 싫여,
아무도 없는 뜰에 달빛이 나는 싫여

해야 고운 해야, 늬가 오면 늬가사 오면
나는 나는 청산이 좋아라
훨훨훨 깃을 치는 청산이 좋아라
청산이 있으면 홀로래도 좋아라

사슴을 따라, 사슴을 따라,
양지로 양지로, 사슴을 따라,

사슴을 만나면 사슴과 놀고…

칡범을 따라, 칡범을 따라,
칡범을 만나면 칡범과 놀고…

해야, 고운 해야, 솟아라 꿈이 아니라도
너를 만나면, 꽃도 새도 짐승도 한자리에 앉아
워어이 워어이 모두 불러 한자리에 앉아, 애 띠고 고운
날을 누려 보리라
- 박두진

　날마다 솟는 해를 무심히 보고 살다가 중학교 시절 이 시를 처음 만났을 때 그 충격은 지금도 잊을 수가 없다. 국어 선생님의 격앙될 정도의 흥분된 목소리가 교실에 울려 퍼질 때 해가 불덩이가 되어 가슴으로 밀려 들어왔다. 아아, 해를 솟으라고 부를 수 있는 거구나. 일상이라 아무 생각 없이 마주하던 해가 갑자기 내 손안에 들어 있는 것처럼 느껴지면서 해가 나를 태우는 것이 아니라 내가 해를 마음대로 부를 수 있다는 환상이 어린 가슴을 파도치게 했던 것 같다.

　맹랑한 계집아이임이 분명하다. 그 거대한 해를 거목 시인 박두진이 불렀다고 해서 감히 저도 부를 수 있다고 생각했으니 말이다. 무의식 속의 자아가 맹랑했다고 생각된다. 해는 희망이다. 뜨는 해를 보고 가슴 설레지만 지는 해를 보고는 어쩐지 마음이 처연해 지는 것이 바로 그 증표가 아닌가? 떠오르는 해를

보면 힘이 용솟음치고 무언가 나도 해낼 것 같은 자신감에 꿈틀대는데 석양을 바라보면서는 좀체 그런 기분이 들지 않는다. 저녁에 잘 쉬고 내일 더 힘차게 떠올라 더 큰 희망을 갖자는 생각이 들기보다는 마음이 가라앉으면서 착잡해지기 일쑤이다.

자연 현상에 시인은 깊은 속내를 얹어서 은유로 노래한다. 박두진이 이 시를 발표했을 때가 1946년이니 우리가 일제의 사슬을 끊고 광복되어 한창 희망에 부풀어 있을 때이다. 아침마다 솟던 해가 유달리 달라 보이고 희망의 화신으로 보이면서 반갑고 대견하고 곱고 이루 다 말할 수 없는 기쁨으로 하루를 맞이하는 그 들뜬 심정을 행간에서 읽을 수 있다. 산 넘어서 어둠을 살라 먹고 살라먹고 떠오른 해는 바로 우리 민족의 끈질긴 인고의 세월을 은유하고 있음을 알기에 독자는 평범한 듯한 이 표현에 억장이 막히는 감격을 맛본다. 그날 흥분하던 국어 선생님은 이미 세상을 뜨셨겠지만 그때 감동을 전하며 시를 읽는 맛을 전해주신 그 교훈은 오늘도 가슴에 살아 숨쉰다.

계묘년 검은 토끼해가 밝았는데 왜 갑자기 이 시가 생각나며 가슴이 울렁댔는지 알 것도 같고 모를 것도 같다. 우리의 형편이 1946년과 같을 것이 없는데 2023년 21세기도 중반을 향해 달리는 이 시대에 왜 나는 박두진 선생의 해야 솟아라를 붙들고 가슴 저리고 있는지 모르겠다. 아마도 지금 우리에게 이런 희망의 해가 솟아야 한다는 염원 같은 것이 이 가슴 밑바닥에서 용

암처럼 끓고 있음이 그 원인이 아닌가 한다. 울고 싶기도 하고 껄껄 웃고 싶기도 한 이 묘한 감정을 시인이 아닌 둔한 아낙은 표현할 길이 없어 선생의 해를 붙들고 천착하는지도 모른다.

우리는 지금 희망과 용기가 필요하다. 오랜 퇴행으로 국가의 이곳저곳이 말씀이 아닐 정도로 무너져 내렸음을 날마다 실감하는 중이다. 군기가 너무 빠져 걱정이라는 말이 오간 지 오래이더니 드디어 영공이 작은 쇳덩이 새 한 마리에 어이없이 뚫리고 말았다. 그것도 백주 대낮에. 도둑을 친구라고 우기던 결과가 바로 이런 것이구나 하고 느끼는 사람들은 그동안 안 된다고 외치던 사람들이고 지금도 그때 그들은 여전히 자신들이 옳았다는 궤변만 계속하려는 것 같아 모골이 송연해진다. 만사는 원인이 있으면 결과는 생기기 마련이다.

우리는 희망의 해를 불러야 하고 그와 함께 내달리며 사슴을 만나든 칡범을 만나든 가릴 것 없이 다스리고 함께 놀 수 있는 배짱을 길러야 한다. 아니 그럴 수 있는 실력을 길러야 한다. 해는 솟는다. 우리의 희망을 안고 오늘도 내일도 해는 솟는다. 그 해를 힘차게 솟게 하고 희망으로 만드는 것은 우리 손에 달려 있다. 해를 따라 힘차게 솟고 해를 따라가며 어떤 일을 만나든지 다 함께 손잡고 즐기며 이겨 나가는 새해를 내 것으로 만들자. 해야 솟아라 고운 해야 솟아라!

2023. 1. 6.

갈석 강석호 선생
문학비 건립 회고

 갈석 선생이 문학비를 세우고 싶은 뜻을 비쳐 대 찬성하고 하시자고 부추겼다. 워낙 비라거나 동상이라거나 하는 것은 사후에 후세인들이 그 공덕을 기려서 기념하고자 세우는 것이 시작이었다. 오랫동안 그것은 당연한 일로 받아들여져서 생전에 세운다는 것은 덕이 되지 않는 일로 생각되어왔고 그런 일은 일부 권력자들의 비뚤어진 모습으로 비쳐왔다. 하지만 세태가 변했다.
 정치인들과 달리 예술인의 경우는 많이 다른 양상이 나타났다. 여기저기 노래비가 세워지면서 생전에 사실상 시비들이 세워진 셈이 되면서다. 이어서 문학관들이 세워지기 시작했는데 보통 수준의 예산이나 유지 관리비로는 엄두를 낼 수 없는 일이기에 본인의 재력이 있었어도 사후에 후손들이 선뜻 그런 일에 유산을 쓰려 하지 않다 보니 생전에 해 놓고 간 문인이 현명하게 생각되기까지 하는 세태가 되었다. 이런 예를 들어가며 어색하게 생각하지 마시고 후학들의 건의를 기꺼이 받으시라고 권유하며 적극 찬성했다.

  고향인 하동 시내 한 공원에 생존 시인의 시비가 하나 연전에 세워져 있었다. 그 공원을 관리하는 단체에 갈석문학비를 세우게 해 달라고 추진위원 한 분과 갈석 선생을 함께 모시고 내려갔다. 우리 설명을 들은 관리책임자는 일언지하에 거절의 뜻을 강력하게 비쳤다. 하동에 큰 영향을 끼친 일을 별로 하지 않았고 하동 출신 문인이 모두 세워 달라 하면 공원의 기존 목적에 부합되지 않는다는 것이다. 이 공원이 표방하는 OO기념 공원의 의미가 퇴색한다는 것이다. 한술 더 떠서 지금 세워진 다른 분의 시비도 옮겨 가라고 하자는 의견이 많다는 것이었다. 처음부터 볼멘소리로 일관하는 그에게 문인은 우스운 존재인 것 같았다.

  문학에 대한 몰이해를 직시하는 순간이었다. 문학작품은 한번 발표되면 이미 공적인 자산이지 개인의 사유물만이 아니라는 평소의 생각은 빛을 잃는 참담한 분위기였다. 논의라도 해 봐달라는 내 부탁에 마지못해 회의에 부쳐 보기는 하겠지만 어려울 것이라고 뒤통수에 박아주는 쐐기를 매만지며 돌아섰다. 그래도 미련을 갖는 강 회장님에게 포기하셔야 할 것 같다며 다른 방도를 찾자고 했다.

　당초에 내가 했던 건의대로 갈석 선생 고향 선산으로 건립 장소를 확정하였다. 반듯하고 대로변은 아니지만 길도 가깝고 양지바르고 아주 입지가 좋았다. 내 생각에 제일 좋은 것은 선산이니 비석 보고 이리 가라 저리 가라 하는 일은 안 생길 것이라는 안전성이 최적지의 우선순위 조건이었다.

　일단 마음을 정하신 갈석 선생은 흡족하게 마음을 바꾸셨다. 건립추진위원회를 꾸리고 비의 크기, 건립 시기, 예산 등을 정하고 건립기금 모금에 들어가는 한편 돌을 고르기 위해 그쪽 일에 일가견을 갖고 있는 양태석 화백, 갈석 선생과 아드님 강병욱 부장이 나와 함께 보령을 찾았다. 양 화백이 추천하고 이미 설명해 둔 돌집에서 몇 개의 추천 석 중에 아주 마음에 쏙 드는 돌을 쉽게 낙점할 수 있었다. 전문가인 돌집 사장의 설명을 듣고 양 화백의 부연 설명에 일행은 고개를 끄덕였다. 당사자인 갈석 선생이 만족해하니 즉석에서 계약하고 일정 조율까지 모든 일을 매듭짓고 비문을 언제까지 보내기로 했다.

　납품 일자에 맞춰 제막식 행사를 할 것이니 차질 없어야 한다는 다짐을 단단히 하고 돌아왔다. 비문을 기초하고 여럿이 다듬어서 글씨는 갈석 선생의 친구이신 서예가에게 부탁했다. 모금도 순조롭게 이루어져 차질 없이 2014년 10월 22일에 갈석 선생의 고향 하동 선산, 경남 하동군 금성면 가덕리에 갈석 강석호 문학 기념비가 세워졌다. 전면에 강석호 수필가의 약력을 새겨 비의 주인공의 문인으로서의 발자취를 전하고 동참한 이들의 이름을 함께 새겼다. 뒷면에 선생의 대표작 흔들리는 나뭇잎을 새겼다.

　한국수필문학가협회, 수필문학추천작가회 회원들을 비롯한 경향 각지의 수필가들이 한자리에 모여 성대하게 제막식을 가졌다. 지금 갈석 선생은 하늘길을 뜨셨지만 그 어른의 문학비가 우뚝 서서 수필 지킴이의 평생을 대변하고 있다. 갈석 선생 가시고 1년이 되었다. 추모라는 이름으로 다시 모여 비 앞에 서니 만감이 교차한다. 그래 우리 참 잘했다는 자찬이 입술을 밀고 올라온다. 그래 우리 참 잘했다. 갈석 선생님 우리들 글도 그렇게 잘 쓰게 하늘에서 뒷 기도 좀 해 주세요. 이제 우리 집으로 갈래요. 이슬처럼 내리던 비가 어느새 그쳐 밝아지는 하늘이 일행을 전송한다. 대봉시 나뭇잎이 흔들린다. 잘 가라고 손짓하듯 흔들린다. 선생님의 나뭇잎이 흔들린다.

2020. 3. 7.

넉넉한 마음의 선비

 생비량면, 지명으로 너무 생소하고 이상해서 혹시 잘못 보았나 하고 초청장을 다시 보아도 생비량면이었다. 고개를 갸웃거리며 산청으로 향했다. 그날 날씨는 어찌 그리도 화창하고 맑았던지 역시 인품이 좋으신 분의 행사는 하늘이 아시는구나 싶었다. 현봉 이병수 선생님의 문학 및 지역 발전에 대한 공로를 기려 마을 주민들이 공덕비를 세워 드리던 바로 그날의 기억이다.
 현봉 선생님이 우리 곁을 떠나셨으니 이제 옛일이 되었다. 선생님은 자신의 고향 생비량면의 발전과 인재 양성을 위해 여러 가지로 봉사 헌신하시는 일을 평생을 하루같이 이어 오셔서 주민들이 더 감동을 받았다. 말은 쉽지만 어떤 일을 한평생 변함없이 이어서 하기란 그리 쉬운 일이 아니다. 현봉 선생님은 매사에 그런 생활 태도로 사신 분이다. 하나를 보면 열을 안다고 수필문학에 쏟으신 관심과 사랑을 보고 하는 말이다.

부산에서 서울이 요즘처럼 KTX라는 것이 있어 서너 시간에 오르내리던 시절이 아닌 1990년대부터 줄곧 서울 행사에 빠진 적이 없이 개근하신 어른이 현봉 선생님이시다. 행사에 늦으시는 법도 없고 중간에 가시는 일도 없다. 언제나 조용하시고 인자한 미소로 회원들을 대하시고 유머도 넘치는 분이다. 젊은 회원들과도 잘 어울려서 젊은 오빠 대접을 받으셨다. 노래방에 가시기를 즐기시고 얼마나 잘 어울려 주시는지 절로 고개가 숙어지는 그런 인품을 지니신 보기 드문 선생님이시다.

평생을 교직에 몸담고 교장 선생님을 하셨으니 얼핏 생각하기에 근엄하고 범접하기 어려운 분으로 치부하기 쉬운데 아니시다. 반대의견도 부드럽게 조근조근 말씀하시니 아무도 거스르기 힘든 그런 어른이시다. 이해심이 넓고 그야말로 역지사지가 몸에 밴 그런 분이시다. 수필을 쓰실 수밖에 없는 어른이시라면 딱 맞는 표현일게다. 정녕 선비시다.

말년에 거동이 어려우시게 된 후에는 전화로 의견을 주시고 당신 몫까지 대신 잘해달라는 당부를 잊지 않으시며 수필문학을 부탁하시던 인자한 음성이 지금도 귀에 들리는 듯한데 어언 떠나신 지 해가 바뀌었으니 무심한 것이 세월이다.

선생님은 훌륭한 제자도 많이 기르시고 좋은 수필도 많이 남기셨으니 여러 가지로 복 받으신 분이다. 이병수 선생님의 수필문학사 사랑을 떠올리며 하늘에서 걱정하시지 않도록 힘을 다해 수필문학사를 위해 도움이 돼야겠다는 생각이 더욱 간절해진다.

  이병수 선생님, 선생님 끼치신 공덕을 잊지 않고 선생님 인품을 좀 닮아가며 살아보려 애써 보겠습니다. 하늘에서 우리 수필문학사를 위해 기도해 주시기 바랍니다.

2019. 12.

박종철 회장님

　오랜 투병 기간을 흔연하게 버티시더니 기어이 떠나십니다.
　우리 처음 만났을 때 40대 청년이었는데 이제 하늘길을 앞서거니 뒤서거니 하게 되었습니다. 그 당시는 하나뿐이던 수필전문 월간지인 『수필문학』에서 추천완료라는 등용문을 거친 우리는 세상을 다 얻은 양, 기뻤고 그 여세를 몰아 수필문학추천작가회를 창립했습니다.
　여성단체활동으로 잔뼈가 굵은 제가 제안하자, 강석호 회장님은 바로 허락하시고 준비에 들어갔습니다. 상임주간을 맡고 계셨던 오창익 선생님과 지금은 작고하신 장돈식 수필가가 적극 찬동하며 열의를 보이셨습니다.
　우리들의 모임처는 박 회장님이 간부로 근무하시던 성신양회 사무실이 있는 하나로빌딩 지하식당 하나로회관이었습니다. 주머니가 두둑하지 못한 문인들인지라 모일 때마다 식사비가 걱정이었는데 우리는 박 회장님 덕에 그 문제는 신경 쓰지 않아도 될 정도로 행복한 모임을 마음 놓고 할 수 있었습니다.

이런 여건이니 순풍에 돛 단 듯이 발기인 총회를 할 수 있었죠.

회칙의 골격을 제가 만들고 대기업의 총무부장이셨던 박 회장님이 실무적인 면을 꼼꼼히 살펴서 창립총회를 무사히 마쳤습니다. 제가 초대부회장을 맡았다가 2대 회장이 되었을 때도 우리는 하나 되어 즐겁게 일했고 후에 박 회장님이 회장이 되셨을 때도 여전히 팀워크를 잘 이루고 항해를 이어갔습니다. 초대회장인 장돈식 수필가도 떠나시고 친정아버지격인 『수필문학』 창립자 강석호 회장님도 하늘길을 뜨신 지 벌써 두 해째가 되어갑니다.

이제 박 회장님까지 떠나시니 허전하기 이를 데 없습니다.

박 회장님의 계속적인 협조로 우리 수필문학추천작가회는 든든히 뿌리를 내릴 수 있었습니다. 우리는 『수필문학』이라는 등단지를 통해 계속 문단에 나가 넓게 활동할 수 있었습니다.

한국 수필문단을 두루 섭렵하시던 박 회장님의 활동은 실로 눈부시다는 말이 딱 맞는 그런 상황이셨습니다. 그러시다가 강릉으로 옮겨가시고 얼마 후 몸이 불편해지신 후에도 왕성한 활동은 여전하셔서 후배들의 귀감이 되셨습니다.

몸져누우신 후에도 작품을 계속 쓰심은 물론 영동지역의 수필밭을 일구는 강의와 모임 등을 계속하는 열정을 보이셨습니다.

박종철 회장님.

이제 괴로움도 아픔도 없는 하늘에서 편히 쉬시옵소서. 간절할 정도로 후배와 제자들을 보듬어 안으시던 그 넓은 품에 하늘의 평안과 희락을 가득 안으시고 하늘 보좌 앞에서 행복하시기 바랍니다.

불청객 코로나19라는 바이러스 때문에 꽃 한 송이 바치는 걸음도 못하는 험한 시기에 떠나시니 더 가슴이 아픕니다. 부디 모든 것 훌훌 터시고 하늘길 평안히 가시옵소서. 강석호 회장님, 장돈식 회장님, 이병수 선생님 두루 만나 회포를 푸시고 우리 추천작가회와 『수필문학』을 위한 뒷 기도도 계속해 주시기 바랍니다. 평안히 가시옵소서.

2020. 3. 9.

고뇌의 승화
- 장백일의 작품세계

1. 들어가는 말

문학은 다른 예술 장르에 비해 삶 그 자체와 살아가는 세계를 보다 직접적으로 담아왔다. 문학작품을 논함에 있어 어느 장르이거나 작가의 인물탐구가 먼저임은 다 마찬가지이겠으나 특히 수필은 자신의 이야기를 자기 인생관에 의한 관조로 빚어내는 것이어서 작가를 먼저 아는 것이 무엇보다도 중요한 일이라 하겠다.

평론가이자 수필가인 장백일은 철학을 전공한 때문인지 그의 글에서는 삶에 대한 깊은 성찰이 은은하게 배어 나온다. 중학생 때부터 시인이 되고 싶었던 그는 독일 유학을 생각하며 종국에는 미학을 해 보려 했건만 그 끈질긴 꿈은 아버지의 사업 실패로 가정 경제가 풍비박산되면서 산산이 깨어져 버린다. 이 시련이 그의 문학 전체를 키워내는 토양이 되고 있다.

그는 문학을 고뇌의 열매로 본다. 이러한 그의 문학세계를 수필을 중심으로 해서 살펴보고자 함이 본고의 목적이다. 그의 수필선집 『수첩을 옮기며』를 주요 대상으로 하여 장백일의 수필세계를 조명해 보고자 한다.

2. 장백일의 생애

장백일은 1933년 1월 15일 전라남도 광주에서 부친 장훈과 어머니 김풍심 사이에서 7남매 중 장남으로 태어났으며 본명은 병희(秉禧)이다. 무등산의 정기를 받고 태어난 그는 평생 무등산 자락을 떠나지 않고 그 밑에서 살았으며 그의 고향 사랑에는 무등산에 대한 애착과 자긍심이 강하게 자리 잡고 있다. 막냇동생의 사업 실패로 그 집이 날아가 버려 노후에 낙향하여 추억을 더듬으며 즐기려 했던 터전을 잃었음을 매우 애석해했다.

광주서중과 광주일고를 거쳐 전남대학교 문과대학 철학과를 졸업해서 문학사가 되고 그로부터 10년이 지난 후에 건국대학교 국어국문학과를 졸업해서 문학 석사학위를 받은 후 우석대학교와 상명여자사범대학의 국어교육학과 강사를 역임하였다. 대학원생 시절인 1958년에 조선일보 신춘문예에 평론이 당선되어 문단에 데뷔한다.

예기치 못한 승방생활

광주일고를 졸업할 때가 1952년이니 소년기를 나라 잃은 식민지 백성으로 살고 소년기 후반을 해방정국의 치열한 시대를 겪으며 살았다. 여순반란사건도 한가운데서 겪은 셈이다. 새 나라가 건국된 1948년 이후에 청년기 초반이라 할 수 있는 고교 시절을 보냈다. 일제 강점기, 미 군정, 새 나라 대한민국, 정신없이 변하는 역사의 변환점을 어리지만 직접 보고 겪으며 보낸 시절은 그의 정신세계에 나라라고 하는 것에 대한 확고한 나름의 가치관을 굳게 세우는 원동력이 되었다. 그리고 6·25라는 민족의 비극 속에 함께 빠졌다가 헤어나온다. 아버지가 공직에 계셨기에 어린 시절 그 어려운 격변기 속에서도 학업을 순탄하게 이어올 만큼 안정된 속에서 고교까지를 무사히 마쳤다.

전쟁 중이라 대학교들도 부산이나 대구로 피난들을 내려가 있을 때인, 1952년 그는 S대학 입학차 부산으로 가기 위해 집을 떠나 기차에서 옆자리의 스님과 말문을 트고 귀를 기울이다가 그 스님의 말씀이 가슴을 깊게 찔러 그길로 그 스님을 따라서 여수에서 내렸다. 자기를 따라오는 젊은이에게 스님은 계속 부산행을 타일렀지만, 며칠만 묵고 가게 해 달라고 애원하다시피 매달려서 뒤를 따라갔다.

그 당시 행방불명된 아들을 찾으려고 백방으로 헤매며 노심초사한 부모님께 대한 불효를 뒤늦게 뉘우치는 고백의 글이 바로 그의 수필 「다향에 심은 사연」이다. 수필이 고백의 문학이라는 그의 수필론이 이때 자리 잡은 것으로 본다.

손수 끓여주시던 원명 스님의 차 맛이 그립다. 37년 전의 일이다. 그때 스님은 영귀암(靈龜菴) 뒤 7, 8명이 기거할 만한 바위 틈바구니에 부처님을 모시던 세칭 '바위암자'에 계셨다. 그 영귀암이 향일암(向日菴)으로 이름이 바뀐 것은 언제부터일까? 향일암은 여수 앞 돌산의 남단 바닷가 절벽에 위치한다. 여수시에서 한 시간쯤의 거리 지금에 비하면 37년 전의 교통은 가시밭길이다. 그때의 교통수단이란 손바닥만 한 통통선이 고작이었다.

이 절벽에 사마귀처럼 붙은 향일암 뒤에 자리한 콧구멍 같은 바위암자에서 난 20대의 한 해를 원명 스님과 함께했다. 생각할수록 그 추억이 새롭다. (중략)

꼭두새벽에 슬그머니 깨어나 몰래 끓인 차를 입에 대려면 어느새 눈을 뜨시곤 이렇게 민망을 줬다.

"그래 차 도둑을 모셔 왔구먼…."

촛불 속에 밝아오던 그 웃는 얼굴이 이내 잡힐 것만 같다. 그 뒤 생활을 함께하게 되면서 내가 차를 끓여 바쳤고 생식을 하면서는 끓인 차를 식혀서 올렸다. 조석은 물에 담근 생쌀을 씹으면서 솔잎즙을 마셨다. 낮이면 솔잎을 찧어 즙을 내던 그 작업이 평생 잊어질까.

— 「다향에 심은 사연」 중에서

이 수필 속에 장백일의 문학세계, 인생관, 가치관이 어디서 기원했는지 알 수 있다.

장백일을 이제는 놓아 보내야겠다고 생각한 스님은 승려가 되겠노라는 그와 무섭게 정을 떼고 생식(生食)에서 화식(火食)으로 돌려놓은 후 고향에 돌아가 빨리 대학에 가라고 성화였다.

얼마 후 두 사람은 드디어 여수에서 헤어졌다. 그 후로 장백일의 대학 입학 첫 등록금을 납부해 주고 소식이 끊겼다. '진주 어디로 가셨다는 풍문만 들었을 뿐 스님과의 해후는 영영 없다. 지금도 찻잔을 입에 대면 스님의 체취가 느껴진다.'는 장백일의 마음 바탕에 불심이 면면이 깔려 있음이 우연이 아님을 실감하게 하는 수필이다. 이렇게 고향에 돌아온 장백일은 고향 광주의 전남대학교 철학과에 입학한다.

퇴직한 아버지의 사업 실패로 풍비박산

대학 재학 중 장백일의 아버지가 공직에서 퇴직하고 사업을 시작했다. 장백일은 땅에 묻어야 할 돈을 바다에 묻어서 아버지가 실패했다고 그의 수필에서 한탄하고 있다. 염전에 투자한 아버지는 순조롭게 일이 잘 풀려서 실험생산에 성공하자 빚을 얻어 본격 생산을 위해 거창하게 움직였다. 그해 따라 일조량이 좋아 소금 생산량이 많아 그야말로 대풍작이었다. 산더미같이 쌓인 소금을 보며 포장에 열을 올렸고 웃음이 입꼬리를 떠나지 못할 때였다. 소금가마니에 넣는 포장을 끝내고 내일이면 출하할 바로 그날 밤에 이 무슨 날벼락인지 광풍이 몰아쳐 염전 둑을 무너뜨리고 소금가마산은 바다로 쓸려나가고 모두 녹아버렸다.

여름 방학이 끝날 무렵 대학 마지막 등록금 고지서를 들고 염전으로 달려간 장백일 앞에 벌어진 참상이었다. 아버지는 실신했고 어머니는 오열 중이었다. 대학 졸업이 막막하게 된 장백일에게 어머니가 마지막으로 해 준 실낱같은 희망의 말씀은 이웃집에 돈 많은 할머니에게 가서 돈을 빌려 달라고 사정해 보라는 것이었다.

일단 대학은 졸업하고 봐야 취직을 할 수 있을 테니 그야말로 절체절명의 일이었다. 어차피 등록금 마련을 못할 때 못하더라도 가서 사정이라도 해 봐야 후회가 없을 것 같아 여러 가지 정보를 듣고 마음을 굳게 먹고 할머니 댁을 찾아갔다. 돈 이야기는 뒤로 감추고 이런저런 이야기로 할머니의 관심을 끌기 위해 이야기를 이어가는데 할머니는 이미 돈 때문에 온 것을 눈치 채고 있었다. 본론을 꺼낸 장백일의 설득과 애원에 할머니의 마음 문이 열리기 시작했다.

"할머니, 할머니의 은혜로 제가 졸업해서 돈을 벌면 꼭 열 배로 갚아 올리다."

할머니는 결단의 순간에 이르자 말을 닫고 입맛만 다셨다. 그 침묵의 시간이 한참 흘렀다.

"애비가 저 지경이 안 됐으면 이 밤중에 젊은이가 날 찾을까, 돈이 뭐길래, 웬수 놈의 돈…."

하시면서 자는 며느리를 깨워 쪄 놓은 고구마를 가져오라 일렀다. 순간 난 속으로 무릎을 쳤다. 성공했다는 심기가 잡혔기 때문이다.

할머니는 돈 빌리러 온 사람에게 할머니 나름대로 시험해 보는 방법이 있단다. 그것이 찐고구마 먹이기인데 고구마껍질을 벗기거나 고구마에 붙은 잔털을 뜯어낸 사람에겐 절대 돈을 빌려주지 않는다 했다. 이는 상대방의 마음을 꿰뚫는 할머니만의 고집스런 인간탐구에의 철학이기도 했다. 나는 내심 고구마가 나오기를 기다렸다.

이윽고 고구마가 김치와 함께 내 앞에 대령했다. 이는 불문가지 아닌가, 나는 껍질을 벗기지 않고 생긴 그대로의 고구마를 먹어치웠다. 목이 메이면 김치를 먹다가 김칫국을 마시곤 했다. 할머니는 내 먹는 모습에 계속 빙긋이 웃기만 하셨다. 마지막 한 개가 남은 바가지를 나는 할머니 앞에 내밀었다.

"아니, 마저 들지 않고 남기긴…."
"아닙니다. 이 하나는 제가 할머니께 드리는 정표입니다."
할머니는 또 빙긋이 웃으셨다. 드디어 할머니의 돈궤가 열렸다.
"얼마라 했지?"
나는 순간 피가 거꾸로 흐르는 흥분을 억제하면서 대답했다.
"예, 오천 환입니다."
당시 국립대학 등록금이 사천 환 안팎으로 기억된다. 여기다 천 환을 더 가산했음은 무일푼의 어머니께 드리기 위해서였다.

나는 머리를 조아리고 조아리며 고마운 인사를 잊지 않았다. 하늘을 날듯한 기분이란 바로 이런 때가 아닌가.
"밤이 깊었네, 어서 가보게…."
내가 돌아오는 발소리에 어머니가 뛰어나오셨다. 애가 타 뜬눈으로 기다렸음이 분명하다. 어머니가 묻기도 전에 내가 먼저 입을 열었다.
"어머니! 됐습니다. 됐어요!"
우리 세 식구는 돈 앞에서 울었다. 돈을 벌자. 돈을 벌자. 이것이 그때의 내 전부였다.

- 「할머니에게 빌린 등록금」 중에서

장백일은 그날 도스토예프스키의 『죄와 벌』을 생각했다고 술회하고 있다. 만약 거절당했다면 자기는 어떠했을까? 그때만은 라스콜리니코프의 심정을 이해할 수 있을 것만 같았다고 쓰고 있는 그의 수필은 그가 말하는 수필론 '수필은 고백문학'임을 작품으로 보여준 좋은 예라 하겠다.

꿈에 그리던 신춘문예 당선

대학을 무사히 졸업하고 대학원 1학년에 다닐 때인 1957년 조선일보 신춘문예에 친구의 권유로 문학평론 부문에 응모해서 당선되었다.

독일을 가고 싶어 하고 좋아했음을 잘 아는 그 친구가 독일의 일(逸) 자 하고 백림의 백(佰) 자를 따서 백일이라 하는 게 좋겠다고 즉석에서 작명해 주어 그렇게 한 것이 평생 이름이 되었다. 응모도 그의 권유로 하게 되었다. 그와의 인연은 그의 수필 「인연으로 빚어낸 그 원고」에 잘 서술되어 있다.

내 고향은 광주, 1954년의 일이다. 그때 난 전남대 철학과 2년 생이었다. 광주에서 이름난 중국음식점은 충장로의 '왕자관'이다. 언제나 그 앞을 지나면 행인들은 중국 요리 특유한 냄새에 유혹당하고 만다. 가을 어느 날, 나도 그 집 앞을 스쳤다. 그때 그 집 출입구 가까이에 외롭게 앉아 있는 내 또래의 젊은이와 눈이 마주쳤다. 그는 도수 높은 안경에 두 무릎을 양 손가락으로 깍지 낀 초라한 모습이긴 했지만, 지성이 있어 보이는 젊은이였다. 순간 나는 그에게 입을 열었다.

"왜 여기에 앉아 있습니까?"

"배가 고파서요."

실로 의외의 대답이었지만 그의 말은 진실이었다. 그때 자장면 값이 있었다면 나는 분명 그와 식탁을 함께 했을 것이다. 그러나 나에게도 그 돈은 없었다. 그래서 20여 분 거리의 우리 집으로 그를 안내했고, 우린 그 노상에서 통성명을 했다.

"전 장병희라 합니다. 전남대 철학과 2학년입니다."

"전 김최연이라 합니다. 광주는 초행인데 찾는 분을 못 만나서 난감하군요."

김형이 광주에서 묵은 지는 오늘로 닷새째란다. 노상에서 나눈 우리 얘기는 주로 광주 소개로 기억된다. 집으로 접어든 골목에서 나이를 물으니 나보다 3년 연상이다. 어머니는 정성을 다한 밥상을 우리에게 차려줬다. 식사를 끝낸 김형은 내 서가를 살피더니 의아한 듯 이렇게 물었다.

"장형, 철학과라면서 시까지 하십니까?"

"실은 시인이 되려고 철학과를 지망했어요. 형편이 되면 미학을 해볼까 합니다."

이 말에 김형 또한 내가 궁금하게 여겼던 수수께끼를 하나씩 풀어줬다. 실은 김형도 시인 지망생이었다. 본래 고향은 평양, 일제 말엽 광산업을 하는 아버지를 따라 서울에 정착했고 대학 재학 때 6·25로 파란만장한 고초를 겪다가 피난을 겸한 정착지를 찾아 여기로 왔노라 했다.

"광주에 누가 계십니까?"

광주엔 1·4후퇴 때 월남한 그의 매형의 친구인 고광조씨가 있었다. 단신으로 월남한 매형은 그 집에서 유숙했다. 매형과 고씨와는 일제 때 학병 출신으로 두터운 우정이라 했다. 김형은 그

매형에게 의지해 보려고 찾아왔음이다. 그러나 설상가상 고씨를 찾았을 땐 매형은 이미 선원으로 위장하곤 도일하여 결국 꿩 놓친 매 신세가 됐고 고씨 댁에서 이틀을 식객 노릇하다가 더 머물러 있기가 민망해서 나와 버렸고 갈 곳이 없어 광주공원에서 이틀 밤을 새우잠 잤노라고 덧붙였다.
"장형, 신문지 한 장의 따스함을 아시겠소? 한기가 들 때의 신문지 한 장의 온기를…."
난생처음 듣는 이 말에 가슴은 뭉클해졌다. 고생이 오죽했으면 뼈 깎는 체험담을 들려줬을까.
-「인연으로 빚어낸 그 원고」 중에서

장백일의 측은지심과 인간애를 잘 느낄 수 있는 수필 한 대목이다. 그의 수필은 이 성품처럼 따뜻하다.
장백일은 바로 이 김최연의 권유로 응모하여 조선일보 1958년 신춘문예 평론부문 당선작으로 뽑혀 문단에 데뷔했다.

난데없는 문인간첩단 사건
그 이후 장백일은 기자생활을 거쳐 대학원도 마치고 우석대학교와 상명여자 사범대학의 국어교육과에서 강사로 활동하며 지내고 있었다. 일본 문학에도 관심이 많고 일본 문학, 일본문화 등을 비교 연구하는 글도 쓰고 연구에 몰두하며 평론가로 자리를 굳혀갔다. 수필도 쓰고 평론도 하는 장백일은 일본과 타이베이의 국제 세미나, 토론회 등의 강사로 가기도 하고 우리나라에서 열리는 여러 행사에 발표도 하게 되면서 광범위하게 활동의 폭이 넓어졌다.

 1970년 타이베이에서 6월에 열리는 임어당 초청의 제3회 아시아 작가대회에 한국 대표로 참석하게 되었다. 가는 길에 일본에 들러 『한양』지에 원고를 전달해 주고 고료로 3만 엔을 받았다. 그때는 우편물의 국제 우송이 원활하지 않을 때라 이왕 가는 길에 직접 전달하고 간 것뿐이었다. 그 일이 빌미가 되어 1974년에 문인간첩단 사건의 범인이 되어 반공법 위반으로 투옥되어 옥고를 치르고 나와서도 6년여를 감시의 대상으로 아무 일도 못하고 묶여 지냈다. 요시찰 인물로 대학 복귀가 불가능했다.

 장백일은 이렇게 간첩단 사건으로 억울한 옥살이와 지속적인 감시와 방해로 40대를 허송했건만 원망하거나 저주하는, 그런 편린의 글을 찾을 수가 없음은 그의 삶에 대한 나름의 해석과 관조의 결과임을 알 수 있다.

> 원고 전달과 함께 3만 엔을 수령했다.(당시 환율은 1대 1이어서 우리 돈 3만 원이었다.) 여기에다 2만 원을 더해 일금 5만 원의 산호반지를 손에 넣은 것은 타이베이에서이다.
> 그 반지의 산호는 빨간 진홍빛의 큰 앵두알만 한 데다가 인조 다이아몬드가 12개나 박힌 아름다운 반지이다. 보석상 주인아주머니는 이 반지를 아내에게 선물하면 그 순간부터 서비스가 달라질 거라며 장삿속으로 능숙한 그 특유의 미소를 지어 보였다. 아닌 게 아니라 아내는 반지를 끼어 보면서 기뻐했고 외출할 때 손

가락엔 으레 그 산호반지가 진홍빛으로 반짝거렸다.

그렇지만 그것도 잠시일 뿐 '한양(漢陽)'지가 조총련계의 잡지라고 드러나면서 내 원고 또한 편의를 제공했다 하여 '반공법'에 묶였고, 그때부터 서빙고 조사관에 의해 곤욕의 늪을 헤매었다. 그날 조사관은 어느새 아내 손가락에서 빼내온 산호반지를 증거물로 들이대며 간첩 활동비조로 받았음을 시인하라며 윽박질렀다. 나는 나대로 진실을 토했지만 그는 내 말을 일축하면서 나를 애태우며 괴롭혔다. 그로부터 한 달 만에 서대문 감옥으로 넘겨져 구속됐고, 그 뒤 아내의 첫 면회가 이루어졌을 때 반지 없는 아내의 손가락에 몇 번이고 눈을 주면서 나는 산호반지의 안부부터 물었다.

"되돌려 주더군요."

대답을 맺으면서 아내의 눈에 눈물이 글썽했다. 내 눈도 가만히 있지만은 않았다. 한참 동안 우리는 벙어리가 됐다가 먼저 나부터 입을 열었다.

"여보! 우리의 생사의 고초가 담긴 산호반지를 자자손손 며느리에게 가보로 전해주는 가보반지로 만들자구?"

"그 반지로 또 자식들이 수난을 겪으라구요?"

-「산호반지」 중에서

세월을 어이없게 허송하고 고초를 겪었지만 사필귀정, 장백일은 다시 강단에 복귀하고 아버지의 유언에 따라 1984년에 연세대학교에서 국문학 박사학위를 취득한다.

1990년에 국민대학교 교수에 부임하고 이어서 1995년에 동대학교 문과대학 학장이 된다. 정년퇴직 후 동대학 명예교수로 문단활동을 활발하게 해오던 중 2010년 2월 27일 향년 77세로 영면했다.

문단활동

문단 활동으로는 한국문학평론가협회 회장, 한국문인협회 평론분과위원장, 국제펜한국본부 부이사장 등을 역임하는 등 여러 중요 직책을 두루 거치며 활발한 저술 활동과 세미나, 토론회 등의 발표자로 평단과 수필문단의 이론과 실제를 겸한 중추적 역할을 훌륭히 수행하였다. 수필을 열심히 쓰면서 월간 『수필문학』의 강석호 발행인을 도와 『수필문학』 발전에 열정을 기울이기도 했다. 한국수필문학가협회를 같이 만들어 운영했고 수필문학사와 동협회가 공동으로 주최하는 수필 세미나, 토론회 등에 발표자로 열심히 참여함으로써 수필문학 이론의 정립과 발전에 크게 기여하였다.

3. 장백일의 수필세계

장백일의 수필에는 불심을 바탕으로 한 인연의 오묘함이 배어 있다. 그는 「내가 걷는 문학의 길에서 자신의 수필」 인연으로 빚은 그 원고를 주된 글감으로 하여 인연의 미학을 노래하고 있다. 집에 가던 노상에서 음식점 앞에 쪼그리고 앉아 있는 동년배의 청년을 그냥 지나치지 못하고 왜 그렇게 앉아 있느냐고 말문을 트고 결국, 그를 자기 집으로 데리고 가서 풍성한 식탁을 차려낸다. 그 인연으로 해서 신춘문예 응모도 하게 되고 함께 당선되어 문학의 길을 함께 걸으며 일생을 동행하는 인연을 그리고 있다.

　그의 수필에는 인생무상과 인연의 오묘함을 여러 각도로 다루고 있다.(「인연으로 빚어낸 그 원고」와 「집」 등) 그러나 그의 무상은 염세주의적이거나 세상을 우울하게 보는 그런 자조적인 관점이 아니라, 그래서 세상은 살 만한 것이고 인생은 열심히 살고 볼 일이라는 교훈을 남겨 준다. 그 원동력은 그의 철학도다운 깊은 인생에 대한 성찰과 포용이다.

　문학은 고뇌의 산물이라 하고 수필은 고백문학이라고 한 그의 수필론은 바로 장백일의 인생에 대한 그 나름의 투철한 신념, 살 만한 것이 세상이고 살아 볼 가치가 있는 것이 인생이라는 관조가 그의 수필을 유익하게 만들고 우리는 고뇌를 읽으면서도 유머와 위트에 웃음을 감추지 못하는 기쁨을 누리게 되는 것이다.(「집」)

사랑

　그에게 모든 것은 사랑의 대상이다. 자연이 그렇고 가족이 그렇고 친구가 그렇다. 거기에 더해서 이웃이 모두 사랑이고 옷깃이 스치는 사람과 자연이 모두 사랑스러운 존재이다. 심지어 만나지 못했던 오래전에 죽은 그 어떤 사람의 영혼까지도 그는 자신이 사랑해 주어야 할 대상으로 받아들인다.(「집」)

가족에 대한 사랑은 그의 글 표현에서만 느끼는 것이 아니라 행간 속에 흥건하게 배어있다. 아내에 대한 사랑은 보통 사람은 지나쳐 버릴 일을 세심하게 배려하는 모습에서 그 정도를 짐작하게 한다.

　힘한 일이나 이야기를 듣고 아내가 받을 충격을 생각해서 힘든 일을 혼자 도맡아 하면서 주위 사람에게 아내가 모르도록 해 달라는 부탁까지 하는 모습은 일반적으로 가장으로서의 배려 정도를 훨씬 뛰어넘는 것이어서 부러움을 살 만하다.

　그의 수필 「집」은 얼핏 시작 쪽만 보면 어려운 서민들이 집을 장만하는 이야기 정도로 보인다. 지금은 중학교 선생님이 된 딸아이가 6살 때 일이니 꽤 젊은 날의 이야기다. 일찍 퇴근하라며 싼 집이 나왔으니 놓치지 않게 빨리 오라는 아내의 성화에 못 이겨 택시로 달려온 장백일은 무허가 집이라는 말에 난색을 표한다. 하지만 다 그럴 때니까 설득을 당해서 계약을 한다. 이삿날이 가까웠는데 청천벽력 같은 말을 전해 듣는다. 한 동네의 다른 복덕방 할아버지 하는 말이 그 집 대문 앞에 사람의 백골이 묻혀 있다는 것이 아닌가?

　이 동네가 공동묘지 자리인데 이상 공고에 아무도 연고자가 나타나지 않아 그대로 방치되어있다는 사연이었다. 너무 놀라 혼이 나가게 생긴 장백일에게 노인은 나직이 말한다. 잘 파내서 조촐하게 제나 올린 후에 공동묘지에 갖다 묻어 주면 그 혼령도 좋아할 것이고 당신도 큰 복을 받을 것이라고.
 이런 이야기를 듣고 장백일은 기가 막히다 못해 얼이 빠질 일이었다. 그 노인의 말로 보아 거짓은 아닌 것 같고 그렇다면 이사 전에 거사는 치러야 할 것 같은데 아내가 알면 실신할 것 같아 겁이 날 지경이었다. 한동안 망연자실해 있는 장백일에게 노인은 좋은 일 한번 하라고 조용히 쐐기를 박는다. 아내에게 절대 비밀을 지켜주어야 한다고 여러 차례 다짐하고 그 일을 치렀다. 장백일의 사랑법을 여실하게 보여주는 대목이다.

 할아버지가 D데이를 알리는 전화가 온 것은 그로부터 며칠 후의 일이다. 유해가 있다는 대문 앞에 조촐한 제상을 차려놓고, 나는 할아버지가 시키는 대로 했다. 향을 피우고 술잔을 올리고 재배를 끝내자 할아버지는 날더러 망령에게 한마디 하란다. 기가 차서 미칠 것만 같은 심정인데 말까지 하자니, 이장을 알리는 일종의 신고식 같은 예식이다. 제가 시작되기 전 방금 구멍가게에서 반병쯤 나발 분 술기가 확 기어오른다. 무슨 말을 해야 하는가. 나는 눈을 딱 감고 이렇게 말문을 열었다.
 "내 이름은 장백일이외다. 성도 이름도 나이도 얼굴도 피차 모르면서 이렇게 만나게 되는 것도 인연이외다. 인연치곤 실로 기괴한 인연이외다. 오늘 망인을 다른 곳으로 모시려 하오니 내 뜻에 따라 주오. 부디 명복을 빌거니와 뒤에서 내가 잘 되기를 도와주오."
 이렇게 해서 제는 끝이 났고 이어 이장작업으로 들어갔다. 유해가 나오자 할아버지는 미리 화상을 그린 한지를 펴더니 거기에

다 뼈를 하나하나 맞추었고 그 작업이 끝나자 몇 겹으로 한지로 싸더니 다시 광목으로 두른 뒤 두 장의 가마니로 말아선 가슴, 배, 발목 부분을 묶는 것이었다. 이제 일차 작업은 끝난 셈이다.
 유해를 지게에 지고 행길로 나왔다. 택시를 잡았으나 싣기가 곤란하다 하며 뺑소니다. 이래서는 안 되겠다 싶어 인부에게 웃돈을 더 올려 주기로 하고 망우리까지 지게로 가자고 졸랐다. 강 씨라는 그 인부는 내 사정을 이해하곤 순순히 응해 주었다. 시계는 두 점 가까이다. 한 됫병짜리 소주와 오징어를 사 들고 나는 지게 뒤를 따랐다. 마치 상여 뒤에 자식이 따라가듯 바쁜 걸음으로 중량교를 벗어나자 강 씨는 술을 찾았다. 그가 한잔하면 나도 한 잔, 우리는 취하면서 걸었다. 강 씨는 술이 거나해지자 시키지도 않은 흥타령에 상두가까지 부르는 것이었다.

 나는 가오 나는 가오 북망산에 나두 가오
 한 많은 이승 두고 나두 가오 저승 가오
 처자식 남겨 두고 내가 가오 내가 가오 (하략)

 그렇게 들어서인지 목소리도 구슬펐다. 강씨는 흥타령을 하다가 상두가를 하다가 술을 마시다가 신세타령을 늘어놓곤 제풀에 눈물을 짜기도 했다. 나도 감정을 억제하기에 바빴다.
 "선상님! 인생이 뭐라요! 이렇게 가면 그만인디…."(중략)
 매장을 끝냈을 땐 망우리 고개에도 어둠이 깔릴 때였다. 이제 일을 끝내놓고 나니 살 것만 같다. 그날 밤 강씨와 나는 통금이 임박할 때까지 술을 마셨다. 이름도 모를 망인의 이장이었건만 꼭 혈육을 묻고 온 그런 심정임은 웬일일까.
 "그 사람 누군지는 모르지만 참 좋은 분 만났제. 그 사람 공동묘지로 잘 갔지라우….” 꼭 붕어처럼 퍼마시던 강 씨의 말이다.
- 「집」 중에서

이웃 사랑이라고 하기엔 너무 벅찬 이야기다.

문인간첩 사건에 휘말려 억울한 옥살이를 할 때의 애환과 아내에 대한 사랑과 고마움을 전하는 장백일의 수필들도 아픔 속에서 사랑은 행간에 감춰져 있다. 이렇게 드러난 부분은 빙산의 일각일 뿐이다. 그것이 장백일의 수필이다.

인연에 대한 연민 어린 긍정

그의 수필에서 인연을 빼면 무엇이 남을까? 그는 아내와의 만남을 인연의 오묘한 섭리로 생각한다. 창경궁 돌담길에서 낙엽을 줍고 있는 여인에게 다가가 낙엽을 왜 줍느냐고 묻고, 그 여인은 낙엽에게 물어보라고 천연덕스럽게 응수한다. 장백일은 이것을 오묘한 인연의 섭리로 본다.

나는 혼인 무렵 신문기자였다. 가을의 토요일, 기사 마감 시간에 쫓겨 궁둥이에 돛을 단 듯 바쁘게 돌아간 기사를 데스크에 던지고 빠져나와 가판 신문이 나오기를 기다리며 늦은 낮 햇볕을 등지며 어슬렁어슬렁 하숙집으로 향했다. 창경궁 돌담을 끼고 서울대 병원 쪽으로 돌아섰을 때 저만큼 웬 젊은 여인이 낙엽을 줍고 있었다. 나는 약간의 술기로 객기를 부렸음인가, 그녀에게 다가가 이렇게 입을 열었다.
"왜 낙엽을 줍습니까?"
"낙엽에게 물어보세요."

이 한마디에 나는 순간 '야! 이봐라, 보통 여자가 아닌데' 하는 생각이 번개처럼 스쳤고 대답의 매력에 반해 발길을 숨기며 마포 도화동까지 따라가 그녀의 집을 확인했다. 다음 날로 내 구애 작전은 시작됐다. 그녀는 한결같이 차 한 잔의 약속을 외면했고 퇴근 후 저녁 식사도 뿌리쳤다. 그런 나날 속에서 한번은 그녀 직장으로 뛰어들었다. 속셈은 이실직고의 시간을 약속받기 위해서였다.

그때 그녀는 종로 YMCA 근처의 '잉글리쉬 위클리'라는 영자신문에 있었다. 사무실 문을 열고 들어섰을 때 그녀는 난로의 탄을 갈기 위해 집게로 새 구공탄을 막 집어넣으려는 찰나였다. 그 모습은 참으로 예뻤다. 그런데 인연이란 정말로 있음인가.

사고무친의 사무실로 들어섰을 때 나를 반기는 얼굴이 있었다. 그가 바로 김영옥 시인(1957년 조선일보 신춘문예 시 당선, 작고)이다. 그와 나는 장르는 다르지만 조선일보 신춘문예의 선후배요, 그로 우리는 남달리 친분이 두터웠다. 그런 그가 그녀와 같은 직장이 아닌가. 내심 반가웠다. 나는 악수로 내민 손을 다방으로 이끌었고 짝사랑의 사연을 고백하며 도움을 청했다. 그때 그가 내 귀를 쑤시던 말은 지금도 새롭다.

"보통 여자가 아닌데, 진정으로 사랑한다면 중매를 서볼까?"
(중략)

혼인 첫날밤, 남편 팔에 누운 아내에게 이렇게 물었다.
"창경궁 돌담을 끼고 낙엽을 줍고 있을 때 내가 물은 말을 기억해요?"
"뭔데요?"
"왜 낙엽을 줍느냐고 물었을 때 '낙엽에게 물어보세요.' 했잖아!"

아내는 그런 기억이 없다며 동문서답만 했다. 실은 그때 줍던 낙엽의 인연이 오늘의 열매를 맺었다고 했을 때 아내는 진짜 인연은 이제부터라며 내일의 열매를 더 걱정했다. 어언 40년이 됐고, 이를 녹옥혼식(綠玉婚式)이라 한다. 아들을 불러 가족끼리의 녹옥혼식을 상의해 보련다.
- 「낙엽으로 맺은 인연」 중에서

인연의 소중함과 오묘함 인생의 마법 같은 섭리들을 은유적으로 말하고 있는 장백일의 수필세계를 잘 펼쳐 보인 작품이다.

유머와 위트, 상상력과 창조성

수필에서 유머와 위트를 빼면 과연 수필이라 할 수 있을까? 물론 아니다. 그럼에도 불구하고 대부분의 수필에서 이 요소들을 찾아보기란 그리 흔한 일이 아니다. 더러는 일부러 우스운 이야기를 예화로 도입해서 그 맛을 살려보려 노력하기도 하지만 그럴 경우는 억지로 화장을 진하게 한 얼굴을 대할 때처럼 오히려 당혹감을 느끼기도 한다.

장백일의 수필은 저절로 웃음이 배어 나오는 문장들을 지니고 있다고 하겠다. 표현 속에서 유머가 번득이는 예는 그의 수필 '짝사랑'의 경우이다. 감옥 동기인 옆방 젊은이가 밤마다 짝사랑을 애절하게 불러서 자신의 애창곡이 되어 학교로 돌아온 후에 학생들과의 학기 초 모임 때마다 그 노래를 부르게 되어 졸업이 몇 학기 남았냐는 물음을 짝사랑 몇 번 들었냐고 묻게 됐다는 내용은 폭넓은 유머이다.

그 청년이 자기의 죄목을 꽃밭에 물 주다가 잡혀 왔다는 대목은 유머와 위트가 공존한다. 이유야 어찌 됐건 여인을 겁탈하고 들어와 있는 몸이 입에 담기에는 또 하나의 언어 성폭력에 해당될 발언이기는 하나 나가면 그 여인과 혼인 할 거라는 문장은 장백일 특유의 유머 감각을 잘 살리고 있다.

소매치기당한 돈 지갑이 돌아오기는 했는데 그 안에 소매치기가 오히려 훈계조로 일갈하는 메모를 넣어 보냈다. 위트와 유머가 넘치는 수필이다.

수화기로 일러준 그 음식점은 쉽게 찾을 수 있었다. 카운터의 주인아주머니에게 본인임을 알리자 그녀는 시종 웃음부터 띠었다. 빈자리에 앉자 주인은 소매치기당한 지갑을 건네주었고, 대충 확인한 나는 버릇대로 안주머니에 넣어버렸다. 그리고 지갑을 주웠다는 종업원을 불러 사례금으로 일만 원을 주었지만 그대로 일어날 수가 없어 잡채에 고량주 한 병을 청했다. 사실 되찾을 생각에 한 잔 생각이 들지 않는 것도 아니었다.

"다시 지갑을 찬찬히 살펴보시구려! 딴 건 잃지 않았는지…."

주문한 음식이 나오자 주인은 재차 내 자리에 와선 웃음을 띠며 재촉하는 것이었다. 왠지 그 웃음이 심상치 않아 나는 지갑을 재확인해 가다가 뜻밖에 두 겹으로 접힌 쪽지를 발견했다. 거기엔 이렇게 적혀 있었다.

"돈 좀 가지고 다녀라, 새끼야."

주인의 그 심상치 않던 웃음의 뜻을 거기서 깨닫게 됐고 나와 주인은 옆 손님의 실례도 잊으며 한바탕 크게 웃었다. 세상에 소매치기가 되레 훈계(?)를 하다니. 다음날 휴게실의 동료 교수들에게 이 사연을 알렸더니 그중의 한 교수는 정색을 하며 이렇게 말하는 것이었다.

"말 말아요! 한 친구는 소매치기 현장에서 뺨까지 맞았다니까요, 지갑이 하도 빈털터리여서…."

이쯤 된 소매치기는 기는 놈 위에 나는 놈인가, 이래저래 세상은 요지경 속이렷다.

-「소매치기의 훈계」중에서

4. 맺는말

문학평론가이며 수필가인 장백일의 생애와 작품세계를 그의 수필을 중심으로 살펴보았다. 한 작가의 생애를 비천한 안목과 식견으로 조명한다는 자체가 분에 넘치고 벅찬 일이다. 1990년 『수필문학』에 필자가 등단하면서부터 가까이에서 자주 만날 수 있었던 작가 장백일 선생은 그의 수필이 바로 그 작가의 면모였다고 생각한다.

장백일은 그 세대로서는 비교적 안정된 가정환경에서 어렵지 않은 어린 시절을 보냈다. 대학 졸업반 때 아버지의 사업 실패, 염전과 출하 직전의 엄청난 분량의 소금산(?)이 어이없게 풍랑에 쓸려나가는 아픔만 겪지 않아도 그는 고생을 별로 모르고 청년기를 보낼 수 있었을 것이다. 그 기간이 그에게 고뇌를 체험하게 했다고 판단된다.

40대의 황금기를 그렇게 허송하지 않았더라면 그는 훨씬 많은 활동과 저술, 연구 등으로 많은 업적을 남겼으리라 짐작된다. 하지만 그 허송이 그를 깊은 고뇌가 무엇인지 체득하게 하는 중요한 계기가 되었음을 그의 수필을 통해서 깨닫게 된다.

이런 고통들을 통해 장백일은 그의 작품세계에서 고뇌의 승화라는 열매를 손에 쥘 수 있었다.

■ 참고문헌
강범우『100만 인의 수필쓰기』(태학당 1997)
강석호『새로운 수필 문학 창작기법』(교음사 1999)
강석호『수필문학의 정체성과 창작기법의 해석』(교음사 2014)
강석호『새로운 수필쓰기의 포인트』(교음사 2007)
강석호『수필문학의 새로운 향방』(교음사 1999)
김승옥『한국문학과 작가 작품론』(한글 2012)
유창근『문학비평 연구』(태영출판사 2008)
윤모촌『수필 쓰는법』(보성사 1993)
윤재천『수필문학의 이해』(세손 1995)
윤재천『수필창작의 이론과 실제』(증보판) (중앙교육문화 1990)
이유식『새시대 수필문학 다섯마당』(교음사 2009)
이철호『수필창작의 창작이론과 실기』(증보판) (교음사 1997)
이철호『수필평론의 이론과 실제』(정은출판사 2001)
이철호『수필창작의 이론과 실기』(재증보판) (정은출판사 2005)
장백일『한국리얼리즘 문학론』(탐구당 1995)
장백일『갈대의 팡세』(교음사 1995)
장백일『수첩을 옮기며』(교음사 2001)
전영순『한국 근현대 문학작가 평론집』(지성의 상상 2017)
하길남『수필문학연구와 비평』(교음사 1998)

오경자

- 전주여고, 고려대 법과대학 졸업
- 이화여대 교육대학원 졸업
- 경제통신사 기자(전)
- 한국여성단체협의회 사무처장(전)
- 장안전문대 겸임교수(전)
- 한국사회교육연구원 원장
- 사법제도개혁 심의위원(전)
- 금융·보험 분쟁조정위원(전)
- 소비자단체협의회 이사 역임(전)
- 고려대학교, 인천전문대 강사
- 월간 『수필문학』 천료 등단
- 국제PEN한국본부 이사장 권한대행(2025)(전)
- 한국문인협회 회원(전, 감사 이사)
- 한국수필문학가협회 회장(전)
- 한국기독교수필문학회 회장(전), 고문
- 수필문학추천작가회 회장(전) 고문
- 한국크리스천문학가협회 회장(전), 평의원,
- 은평문인협회 회장(전) 고문

- 시문회 회장(전), 고문
- 한국여성문학인회 이사
- 창작수필문인회 회장 역임. 고문
- 고려대학교 미래교육원 수필창작 지도교수
- 한국여성단체협의회 법규위원장, 출판공모위원장 역임
- 한국여성정치문화연구소 이사
- 은평문화원 이사(전), 은평문화재단 이사(전)
- 국제여성교류협회 이사, 교육프로그램위원장,
- 21세기여성정치연합 부회장
- 수필문학상, GS문학상, 크리스천문학상, 연암문학상,
  원종린문학상, 사임당문학상, 은평문학상 수상,
  올해의 수필인상, 아리수문학상, 대통령 표창(1983), 국민포장(2014)
- 저서(수필집)『바퀴달린 도시』,『느린기차를 타고 싶다』
  『그 해 여름의 자두』,『천년을 웃고 사는 여인』(선집)
  『그렇게는 말 못해』,『아름다운 간격』(공저)
  『토기장이와 질그릇』,『신원확인』,『밤에 열린 광화문』
  『그때는 왜』,『아버지의 꿈』『기다리고 있었나』『그천사가 내게 왔다면』
  『계단 좀 내다 버려』『건방진 용서』『있어 거기 내가』외

눈먼 고기

오경자 수필집

2025년 5월 25일 초판 인쇄
2025년 5월 30일 초판 발행

지은이 / 오경자
발행인 / 강병욱

발행처 / 도서출판 교음사
편집 / 수필문학사 편집부

03147 서울 종로구 삼일대로 457 수운회관 1308호
Tel (02) 737-7081, 739-7879(Fax)
e-mail : gyoeum@daum.net
등록 / 제2007-000052호

* 잘못된 책은 바꿔 드립니다. 값 15,000원

ISBN 978-89-7814-059-1

- 이 책 내용의 전부 또는 일부를 재사용하려면
  저작권자와 교음사의 동의를 받아야 합니다. 지은이와의 협의 하에 인지는 생략합니다.

후원

서울특별시 | 서울문화재단

- 이 프로젝트는 서울특별시, 서울문화재단의 지원을 받아 제작되었습니다.